JN094119

子供・保護者・職場から信頼される

プロ教師の鉄板技術

130

効果抜群だった体験アイデア大集合

編著　久野 歩
イラスト　井手本美紀

学芸みらい社
GAKUGEI MIRAISHA

まえがき

　料理のレシピ本のように手軽に読むことができて、効果のある指導法や鉄板技術、道具などを紹介している教育書がないかとずっと考えていました。

　そこで今回、全国の先生に「誰にでもできて、効果のある指導法や鉄板技術」を募集したところ、200を超える原稿が集まりました。本書には、たくさんの先生方から集まった珠玉の鉄板技術を130に厳選して掲載しました。

　本書は次のような特徴があります。

```
1  誰にでもできる方法や鉄板技術です。
2  どこにでもある材料で簡単にできます。
3  自由に応用することができます。
```

　今、先生が必要としているもの、やってみたいものから実践してみてください。その際、学級や学校の実態に応じて、自由にアレンジをしてみて先生だけのオリジナル実践にしていただきたいと思っています。

　また、本書は次のような先生にお勧めです。

```
1  子供、保護者、職場の方々から愛されたいと思っている先生
2  自分の実践を更にアップデートしたいと考えている先生
3  新しい指導法や鉄板技術が知りたい先生
```

　本書で紹介した指導法や鉄板技術、道具などを活用していただき、先生方が子供たちや保護者、職場の方々から更に愛される一助となり、教師人生が充実したものになることを心から願っています。

　末筆になりましたが、本書の出版にあたっては、林健広先生、山本東矢先生、松田春喜先生、宮森裕太先生、村上諒先生、中川総一郎先生、井手本美紀先生にたくさんのお力添えをいただきました。また、学芸みらい社の樋口雅子様より多大なるご助言と激励のお言葉をいただきました。この場をお借りしてお礼を申し上げます。本当にありがとうございました。

久野　歩

―本書の見方―

カテゴリーとタイトル

教師の仕事のどんな分野で活用する鉄板技術かを示しています。

対象学年 と **準備物**

主な対象となる学年と準備物を示しています。対象学年は、この学年でなければならない、ということではありませんので、実態に応じて自由に応用してみてください。

鉄板技術 25　声のものさしを楽しく身

「指導」というと、やや厳しい感じがしできるようになるためです。楽しい雰「声のものさし」を身に付けていく指導

| 対象学年 | 1年生 |
| 準備物 | 特になし |

STEP

1　先生に聞こえたら、聞こえたことを子供に伝える。
2　教師は前にいるだけでなく、後ろにも移動する。
3　最後まで聞こえなかった子を褒める。

KEYPOINT

先生に聞こえないように、お話合いしてごらん。
　「1の声」は「お隣さんにだけ聞こえる声」です。なぜ「先生に聞こえないようにお話合いしてごらん」がよいかというと「子供が楽しみながらできるから」です。
　このように、子供が笑顔になる方法で指導した方が効果的です。子供と教師の双方向のやりとりがある方が望ましいです。

34

STEP

ここでは、この鉄板技術の手順を示しています。まずは、手順通りに実践してみてください。

KEYPOINT

この鉄板技術の大切なポイントが示してあります。最初は、このポイントを参考に実践し、慣れてきたら自分なりのアレンジを加えてみてください。

目　次

■学級経営の鉄板技術■

教室環境の鉄板技術

■授業の鉄板技術

■学校行事の鉄板技術■

■仕事の鉄板技術

便利グッズ編

1 学級目標の達成システムを作る

目標を決め、力を入れて掲示物を作成したものの、いつの間にか忘れ去られることがあります。1年間かけて目標を達成するシステムを作って実のある学級目標にしましょう！

対象学年	全学年

STEP

1 学級目標を立てる。
2 学級目標の掲示物を作る。
3 達成したことを可視化する。

準備物	特になし

KEYPOINT

　学級目標達成に向けて、それぞれの項目でがんばったら「成長の実」がなるということにして進めます。題して「にこはきぐんの木」。

① 　にこにこの実…みんなで楽しいことができた時に実る

② 　はきはきの実…みんなで元気いっぱい活動できた時に実る

③ 　ぐんぐんの実…できなかったことができるようになった時に実る

　100点満点の音読、はじめての暗唱、静かに朝学習、楽しい遠足、みんなでできたことなどを書いて貼っていきます。そうやって目標を学級の日常の生活に根付かせていきます。

大切なことは合言葉にする

1年生に望ましい行動を意識させる時には「合言葉」にします。
言葉にできれば行動にもつながりやすくなります。
覚えやすくリズムのいい言葉に変換しましょう。

| 対象学年 | 全学年
（低学年が効果的） |
| 準備物 | 特になし |

STEP

1 教師が望ましい行動を合言葉にする。
2 合言葉を教える。
3 子供たちに言わせて、行動に移したことを褒める。

KEYPOINT

　例えば、字の書き方。教師が「字は」と言うと、子供たちが「大きく、濃く、丁寧に」と合言葉を言います。言わせるだけでも「意識付け」になります。作文を書く時には、教師が「最初は」と言うと、子供たちが「一マス空き！」と言います。「空けるところに〇を書きなさい」と指示し、作文を書かせ始めるようにします。音読をする時、教師が「読む時は」と言うと、子供たちが「グー、ペタ、ピン」と言います。子供たちに言わせたら、必ず「評価」「評定」が必要です。　合言葉で言ったことを行動に移したら褒めてもらえる。その実感が、合言葉に命を吹き込んでいきます。

鉄板技術
3

さよならの前にじゃんけんをする

さよならの前にじゃんけんを必ず行うようにします。
子供たちとのコミュニケーションだけでなく、特別支援を要する子への指導にもなります。

対象学年	全学年
準備物	特になし

STEP

1 さよならをする前に学級全体でじゃんけんをする。
2 毎日楽しみながら続ける。
3 「あっちむいてほい」など、変化を加える。

KEYPOINT

さよならの前にじゃんけんを必ず行うようにします。子供たちは楽しんでいただけでしたが、驚くべき副次的な効果もあります。それは、発達障害の子供たちが自然に負けを受け入れるようになったことや、負けることを恐れてじゃんけんに参加できなかった子がじゃんけんに入るようになったことなどです。コミュニケーションの1つと考えていましたが、発達障害のソーシャルスキルトレーニングであったり、療育的な作用があるのです。楽しみながら毎日続けることで特別支援教育にもなります。「あっちむいてほい」もお勧めです。

鉄板技術 4

目標達成を可視化する

子供たちと教師が目標を共有化することはとても大切です。
目標の達成具合を可視化すると子供たちのモチベーションも
上がります。

対象学年	全学年
準備物	ビー玉・容器

STEP

1 ビー玉とビー玉を入れる容器を準備する。
2 子供たちに目標を達成したらビー玉を入れる
　 ことを伝える。
3 ビー玉が溢れたらイベントを行う。

KEYPOINT

　目標を可視化するために、目標を達成したらワイングラスにビー玉を入れる
ようにしています。目標は、当たり前のことで構いません。

　「全校朝会の開始前に整列している」「清掃を協力して時間内に終わらせる」
「全員で協力し、イベントを成功させる」など、クラス全員で達成したことを
可視化します。これまで一筆箋などで個人を褒めることはありましたが、学級
全体を褒める具体物がありませんでした。これで子供たちの動きが変わりまし
た。グラスがいっぱいになったらお楽しみ会をやることにしています。

１０月の行事予定

月	火	水	木	金	土
9/28	9/29	9/30	1	2	3
全校朝会 代表委員会④ 避難訓練 ⑤⑥	国語タイム 色覚検査 ⑥	読書タイム 午前授業 ④	算数タイム ⑥	安全指導 とも遊び ⑥	
5	6	7	8	9	10
全校朝会 クラブ活動④ 視力検査 ⑥	国語タイム ⑥	体育朝会 ⑥	算数タイム 眼科検診 ⑤	前期終業式 前期終業式 ⑥	
12	13	14	15	16	17
後期始業式 後期始業式 クラブ活動⑤ ⑥	国語タイム ⑥	読書タイム ⑥	算数タイム ⑥	集会 とも遊び ⑥	学校公開② 4時間授業 給食なし ④
19	20	21	22	23	24
全校朝会 代表委員会 ⑤⑥	国語タイム ⑥	読書タイム ⑤	算数タイム ⑥	委員会発表 避難訓練 たてわり班遊び② ⑤	
26	27	28	29	30	31
全校朝会 クラブ活動⑥ ⑥	国語タイム ⑥	読書タイム ⑤	算数タイム ⑥	学級の時間 5時間授業 運動会リハーサル とも遊び ⑤	開会式 運動会 授業あり ⑥

鉄板技術 **5**

学年便りの月予定に
何時間あるかを示す

毎月保護者に配布する学年便り。
掲載する行事予定にその日の時間数を書いておきます。

対象学年	全学年

STEP

1 学校全体の行事予定を確認する。
2 学年便りの行事予定に授業時間を明示する。
3 子供たちに学年便りを配布する。

準備物	学年便り

KEYPOINT

　学年便りの行事予定に、その日は何時間授業なのかを示すようにします。こうすることで、子供たちも保護者も大まかな下校時刻を把握することができます。習い事や兄弟関係のあるご家庭では、下校時刻が気になるものです。このように学年便りに掲載することで、保護者からの下校時刻に関わる問い合わせもなくなり、子供たちも見通しをもって安定した学校生活を送ることができるようになります。保護者にも評判の良い実践です。

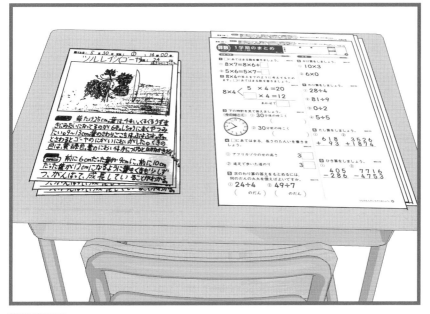

鉄板技術 6 個人懇談に「物」を用意する

個人懇談に漢字50問テストや計算20問テスト、図工の作品、算数ノートなどを用意しておきます。

対象学年	全学年
準備物	子供の作品

STEP

1 実物資料を蓄積しておく。
2 個人懇談の際に、実物資料を用意する。
3 子供たちの作品を並べておく。

KEYPOINT

　個人懇談の際に、子供たちの漢字50問テスト、計算20問テスト、算数ノートなどを用意します。個人懇談の順番に並べておくのです。教師が並べるのではなく、クラスの子供たちに並べてもらいます。これで保護者に子供たちの日々の取り組みが伝わります。教師の言葉ではなく、物に説明させた方が効果的です。

15

ICTに関するアンケート　　　ネットワークリーダー村上

アンケートの趣意

〜〜〜〜〜〜〜〜〜〜〜〜〜〜〜〜〜〜〜〜〜〜〜〜〜〜〜〜
〜〜〜〜〜〜〜〜〜〜〜〜〜〜〜〜〜〜〜〜〜〜〜〜〜〜〜〜
〜〜〜〜〜〜〜〜〜〜〜〜〜〜〜

| 提出文書〆切は |
| 5月12日（火）までに以下を切り取り |
| 村上の机上封筒まで |

- -

（　　年　　級外　　お名前　　　　　　　　　　）

1、□USBは私物のものを使っていない

2、□個人PCは持ち込んでいない

3、□デジカメは校外学習の時にデータを消去している

4、□教員用PCのデスクトップにデータをはりつけていないか

5、□児童の写真は、通信等に使い終わったら削除をしているか

| ご協力助かりました。提出文書〆切は |
| 5月12日（火）まで |
| 村上の机上封筒まで |

上に〆切

下にも〆切

鉄板技術 7 〆切は切り取り線の下にも書く

アンケートの回収がままならない時があります。
この方法を用いると、アンケートの〆切を読み手に意識させる
ことができます。

対象学年　全学年

準備物　アンケート用紙

STEP

1　提案文書に〆切を記載する。
2　切り取り線の下にも〆切を記載する。
3　アンケートを配布する。
4　回収袋に提出してもらう。

KEYPOINT

① 　どこに提出するか（誰に提出するか）。

② 　〆切はいつか。

③ 　「ご協力助かりました」というポジティブな言葉。

④ 　2か所書いてあることによる〆切の意識化。

　ただの切り取り線のみの掲示であると、アンケート用紙をなくしたり、誰に
出すのか忘れたりする方もいます。同様に、学級通信の切り取りアンケートで
もこのように記載すると回収率が、高くなります。

令和○○年○○月○○日

保護者各位

○○○○立○○○○○学校
○年○組担任　○○　○○

個人面談日希望調査票

○○の頃、保護者の皆様におかれましては、ますますご清栄のこととお慶び申し上げます。
日頃より、本校教育活動にご理解・ご協力を賜り厚く御礼申し上げます。
さて、このたび下記のとおり個人面談を実施いたします。個人面談は学校に来て頂き、学校全体・学習の様子などを中心に話しあいます。
つきましては、皆様のご都合を伺い日程を調整したいと存じますので、下記にご希望日時をご記入し、○月○日までにお子様を通じてご提出ください。面談日が決まりましたら、ご返信いただく日時をご連絡いたします。

記

1. 期間　　　令和○○年○○月○○日（　）　～　○月○日（　）
2. 面談場所　各教室
3. 面談時間　２０分
4. 控え室　　オープンスペース

――――――――――――――― キリトリ線 ―――――――――――――――

氏　名

第一希望は①、第二希望は②、第三希望は③に記入してください。

	○月○日（　）	○月○日（　）	○月○日（　）	○月○日（　）
2：00　～　2：20				
2：20　～　2：40				
2：40　～　3：00				
3：00　～　3：20				
3：20　～　3：40				
3：40　～　4：00				

鉄板技術 8 提出してもらう手紙は色付きにする

配布する手紙が多い時期はどの手紙を提出するか保護者は迷うものです。
そこで一目で分かる工夫をすると保護者からも喜ばれます。

対象学年　全学年

準備物　色付き用紙

STEP

1　色付きの用紙に文書を印刷する。
2　子供たちに提出する用紙だということを伝える。
3　翌日に「○色の用紙を出しましょう」と伝える。

KEYPOINT

　配布する手紙が行事の時期になると多くなるため、この時期は提出してほしい手紙を色付きの紙に印刷するようにします。低学年の場合は特に、手紙の内容が十分に伝わらないことがあります。しかし、内容は分からなくても手紙の色なら分かります。学校に持ってきたら、子供たちに「○色の手紙を出しましょう」などと、明確な指示を出すこともできます。視覚的な支援は、保護者にも子供たちにも効果的です。

鉄板技術 9

いつでもカメラを
ポケットに入れておく

思いがけない成長の場面を、逃さず記録しておきましょう。
チャンスを逃さないためには、何事も「準備」が必要です。

対象学年 全学年

準備物 デジタルカメラ

STEP

1 ポケットにカメラを入れておく。
2 子供が良い行動をしている場面を撮影する。
3 保護者に伝える。

KEYPOINT

　写真で記録を残しておくと良いことがたくさんあります。学級通信でも紹介することができ、学級懇談会でも子供の姿を見てもらいながら伝えることができます。写真で記録を残しておけば、良い行動を広めることができます。

　クラスの子だけでなく、保護者にも具体的に伝えることができます。1枚の写真を、どのように教育に活かすか、教師の腕の見せどころです。

鉄板技術 10 集合写真の掛け声

集合写真で少しでも良い表情を撮るための方法です。
良い表情だと保護者も安心します。

対象学年 全学年

準備物 デジタルカメラ

STEP

1 集合写真を撮影する隊形に並ばせる。
2 撮影する時に掛け声を掛ける。
3 写真を撮影する。

KEYPOINT

　集合写真を撮る時の掛け声は次のようにします

　「ブルースリー」「ラブリー」「ハッピー」「ラッキー」など様々あります。し
かし、必ず最後は「い」の口になるようにします。これで子供たちの表情もよ
くなります。ちなみに私のクラスでは、「お金持ち」にしています。掛け声1
つで子供の表情が変わってきます。遠足や社会科見学、宿泊体験教室など、集
合写真を撮る様々な場面で活用することができます。

鉄板技術 11 フォトムービーで使う写真は子供に撮らせる

フォトムービーで子供たちや保護者に学級の様子を伝える先生は多いと思います。その写真を子供たちに撮影させると、また違った印象を保護者に与えることができます。

対象学年	全学年
準備物	デジタルカメラ

STEP

1 子供にカメラを渡す。
2 何枚か撮影したら、次の子に渡す。
3 全員撮影したら回収する。
4 保護者会などで子供が撮った写真を見せる。

KEYPOINT

　保護者会で子供たちの様子を写真やフォトムービーなどで見せることがあります。大概は教師が撮ったものです。その写真を子供に撮らせると、良い表情が撮れます。実際に子供たちにやらせてみると、圧倒的な差となって表れます。まず、子供たちの表情が違います。これは、目線の高さが違うためです。子供たちのアングルは教師とは、全く違うのです。教師だけの目線でなく、異なる視点から写真を撮るとまた違った写真が撮れるようになります。

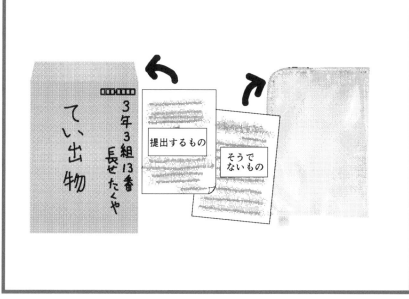

12 新年度早々の配布物は 封筒に入れる

新年度は配布物が多いものです。配布物が多いと、提出する ものとしないものが判別しにくくなります。そこで提出するも のとそうでないものを分けるようにします。

対象学年	全学年
準備物	封筒 連絡帳袋など

STEP

1 名前と出席番号を封筒に書かせる。
2 「提出物」と大きく書かせる。
3 提出する手紙を封筒に入れて持ち帰らせる。

KEYPOINT

　新年度は配布物が多いものです。初日は、主だったもの（学校便りと学年便り）を配布することが多いです。そのため、2日目は大量に手紙が残ることがあります。これだと配布する教師ももらう子供も保護者も何が何だか分からなくなってしまいがちです。そこで、提出するものとそうでないものを分けるようにします。まず、子供に封筒を渡し、名前と出席番号、そして「提出物」と大きく書かせます。そして、提出する手紙は封筒へ。そうでないものは、連絡帳袋に入れるように伝えます。これだけで提出するものが明確になり、快適になります。

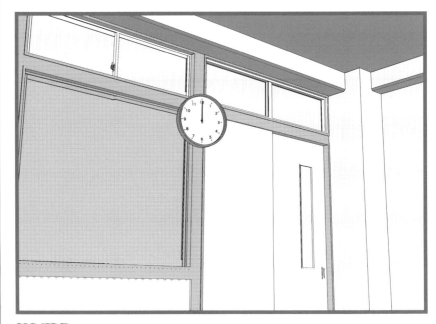

鉄板技術 13

教室移動の時に
時間を守らせる手だて

校舎内の時計の多くは教室内にあります。
廊下に時計を掲示しておくだけで解決します。

対象学年	全学年
準備物	時計

STEP

1 時計を準備する。
2 廊下に掲示する。
3 各階の廊下に取り付ける。

KEYPOINT

　廊下の掲示板に時計を掲示しています。時計は廊下を通行する子供たちや教師のためのものです。こうすることで、子供たちや教師は廊下を移動している時でも時間を確認することができます。

　廊下に時計を掲示しておかないと、子供たちは時計を見るために教室に入るか、教師に尋ねるしかありません。時計を廊下に掲示することで子供たちは時間を意識するようになり、教師も子供たちを叱る場面が減らすことができます。

鉄板技術 14

給食当番と掃除場所は 1か月変えない

変えるたびに、集団は乱れます。
変えないことで、安定した給食準備、掃除になります。

対象学年	全学年
準備物	当番表

STEP

1 1か月ごとに当番を交代する理由を説明する。
2 当番表を作成する。
3 当番の活動の様子を褒める。

KEYPOINT

　このことは4月に前もって子供たちに説明する必要があります。
　「みんなは高学年です。一つの場所を、徹底的に掃除をする掃除のプロになります。ですから、1か月間は同じ場所を掃除します」。同じように、給食も、1か月ごとに交代します。もちろん「給食のプロになるためです」と趣意説明します。どうしてそうなのか、という趣意説明が大事です。

聞き取りシート

学年 組	年 組			対象者の状況	被害者側 加害者側
ふりがな					その他　(　　　　　)
対象者氏名				聞き取り者	
聞き取り日時				記録者	
いつ	どこで	誰から/誰が	何をされたか/何をしたか		その時の気持ち

説明図（誰に、どの位置で、どんなことをされたか/したか）

鉄板技術 15 児童のトラブル聞き取りシート

校内でトラブル対応の上手な先生とそうでない先生がいます。学校全体で共通の聞き取り項目があると対応に一貫性が出てきます。

対象学年 全学年

準備物 聞き取りシート

STEP
1 聞き取りシートを作成する。
2 聞き取りシートを使って聞き取りを行う。
3 学校全体で情報を共有する。

KEYPOINT

このシートを活用して、児童の聞き取りを行います。これがあれば、若手の教師も漏れなく聞き取りを行うことができますし、学年間でも共有がしやすくなります。また、家に帰ってから学校で言ったことと異なることを保護者に伝えたとしても、児童が言ったことを正確に記録することで、保護者に説明することができます。生活指導の面で若手を救う1つのアイテムになります。記録を保管しておけば児童理解の資料にもなります。

鉄板技術 16

健康観察＋αで、
ささやかな経験を蓄積させる

毎日続けたことが本当の力になります。
毎日やっていることの中に「ほんのちょっとの工夫」を入れます。

対象学年	全学年

準備物	特になし

STEP

1 健康観察に＋αして「ほんのちょっと多く話す機会」を作る。
2 毎日やっていることに、ほんのちょっと「＋α」して経験を蓄積する場を設定する。
3 ささやかな経験を、毎日積ませる。

KEYPOINT

　毎日行うことの中に、ほんのちょっと「＋α」をしていく発想が大事です。
　例えば、朝食べたものです。
　「○○くん」―「はい、元気です。パンを食べました」
　「△△さん」―「はい、元気です。納豆を食べました」
のように、「一言」付け加えさせます。好きな動物や好きな色でも構いません。
新しい友達のことを知ることができる機会にもなります。

鉄板技術

17 聞く力を高める「間違い探し」

子供は間違い探しが好きで、間違い探しの本をよく読んでいます。
この「間違い探し」を聞く力を高めるために応用します。

対象学年	全学年

準備物	特になし

STEP

1 テーマを伝える。
2 単語を聞いて、間違いがあった瞬間に手を挙げさせる。
3 間違いの言葉を確認する。

KEYPOINT

① 「動物！」（教師が言って、子供も復唱する）

② 「ぞう　きりん　かば　えんぴつ　いぬ」と教師が言っていく

③ 間違いがあったら手を挙げる（「はい」は言わないルール）

④ 手を挙げた子の一人を指名し、答えを言わせる

　上は実際の事例です。④が重要で、④抜きだったら周りにつられて手を挙げてしまいます。「その後に正解を言わなければならない」というのが緊張感を生みます。もちろん「忘れました」でも構いません。ゆるやかな緊張感が必要です。

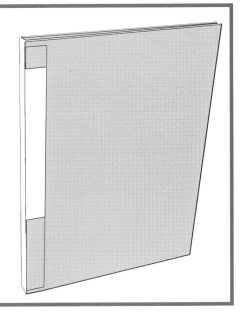

太朗さんの保護者の方へ

太朗さんは、そうじの時間、すみずみまで水ぶきをしてくれました。丁寧に丁寧にそうじしてくれて教室がピカピカになりました。太朗さんが一生懸命そうじする姿、とても素晴らしかったです。お家でもほめてあげて下さい。

令和2年9月24日

鉄板技術 18 子供に渡す一筆箋はファイリングする

子供に渡す前にコピーしてファイリングします。
その子の良いところを振り返るのに役立ちます。

対象学年 全学年

準備物 一筆箋
ファイル

STEP

1 保護者に伝えたい子供の良いところを一筆箋に書く。
2 コピーしてファイリングする。
3 子供に一筆箋を渡す。

KEYPOINT

　子供の良いところを褒めるために使う一筆箋。子供に渡す前にコピーをとっておきます。それをファイリングしておきます。ファイリングしておくと、子供をいつどんなことで褒めたのかを振り返ることができます。ファイルを見返して、個人面談で保護者に子供の良いところを伝えたり、所見に使ったりすることもでき、とても便利です。

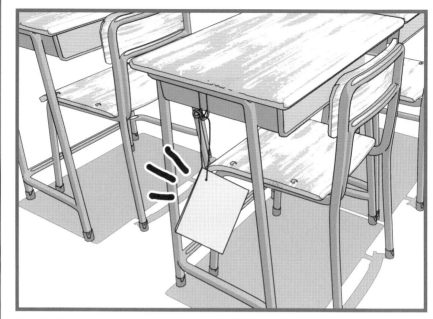

鉄板技術
19

連絡ノートを活用して
専科と連携する

音楽や図工など、担任以外の教師が教える教科があります。
その教科担当の教師と連絡をとるための方法です。

対象学年	全学年
準備物	ノート

STEP

1　ノートを半分に切る。
2　綴じひもを付ける。
3　連絡当番に渡し、管理させる。

KEYPOINT

　学級に連絡当番を作ります。連絡当番の子供は、担任以外の教師が教える教科の際に、この連絡ノートを持っていき、次の週の準備物や連絡事項などをメモします。それを教室の黒板などに書き、学級の子供たち全員に知らせるようにします。こうすることで、専科との連絡が密になり、忘れ物が減ったり、学習内容が明確になったりします。ノートは、半分に切って綴じ紐を付けて机の横に掛けさせています。これで連絡当番の子供が、連絡ノートを専科の授業に持っていっているか、いないかがすぐに分かります。

鉄板技術 20 黒板にクイズを書いて子供と盛り上がる

朝、黒板に問題を書いておきます。
子供と話すきっかけになり、朝から盛り上がります。

対象学年 全学年

準備物 特になし

STEP

1 黒板の隅にクイズを書く。
2 クイズを話題にして子供との会話を楽しむ。
3 様々な種類の問題を出題する。

KEYPOINT

　高学年になると、失敗を恐れて発言が減ったり、考えることをめんどくさがったりすることがあります。

　授業でも鍛えるのですが、クイズから入って、楽しみながらあれこれ考える癖をつけることができます。

　朝からクイズを書いておけば、それで子供と話すきっかけにもなり、クラスの話題になります。クロスワードや脳トレ系の問題をいくつも用意しておくと、毎日日替わりのヒーロー・ヒロインが生まれます。

鉄板技術 21 特別なプレゼントを贈ろう

プレゼントの中に、その子のがんばりを示す情報を盛り込みます。
発表だと「原稿」「練習の過程」「写真」「教師のメッセージ」
をセットにします。

対象学年	全学年
準備物	画用紙、写真 原稿用紙など

STEP

1 特別な場の写真を撮影する。
2 プレゼントを作成する。
3 プレゼントをみんなの前で渡す。

KEYPOINT

始業式で学年代表として発表した子に特別なプレゼントを贈るようにします。
① 発表原稿　② 写真　③ メッセージをパッケージにします。
発表内容……原稿、発表の様子……写真、賞状……メッセージ。
一つのプレゼントの中に、いくつかのメッセージを書いて贈るようにします。
特別な経験を、特別な思い出にしたいものです。

ふしぎな国の
コックたち

路地うらにある小さなレストランではたらくコック
たちは、みんなふしぎなふんいきをもっていね。
このコックたちはどこからきたのだろうか……。
人のコックたちの心あたたまるストーリーです。

鉄板技術
22

本の紹介に目玉クリップを使う

ロッカーの上などに紹介カードを置くことがあります。
そんな時に活用したいのが、目玉クリップです。

対象学年	全学年
準備物	目玉クリップ

STEP

1 厚紙にお薦めの本の紹介文を書く。
2 目玉クリップ2つでスタンドにする。
3 教室後方に置いておく。

KEYPOINT

　子供たちの作品カードをロッカーの上などに掲示することがあります。その際、目玉クリップで作ったスタンドを活用すると簡単に掲示することができます。子供たちでも簡単に作成することができるので、目玉クリップをたくさん用意しておけば、すぐに完成します。また、掲示する作品に合わせてクリップの大きさを変えるようにします。図書室や校舎内の掲示などにも活用できます。

4年　夏休みの課題チェックシート

4年　　組　名前 _____

もらった　終わった

☐　　☐　区学力テスト補充ワーク・・・丸付けをしてから、提出。

☐　　☐　読書（3冊以上）・・・緑のファイルに記録。

☐　　☐　読書感想文（作文用紙2枚半以上～3枚以内）
　　　　　下書き用3枚、清書用3枚

☐　　☐　親子読書

☐　　☐　健康手帳（7月分、8月分の記録）…めあての記入・シールはり・
　　　　　　　❖　保護者サインを押してから提出。

☐　　☐　自由研究　（必ず提出）

☐　　☐　社会（都道府県）プリント2枚
　　　　　国語（漢字）プリント3枚 ｝丸つけ、直しまでして提出。

☐　　☐　計算ドリルノート・・・36「夏のまとめ」まで。

鉄板技術 23 夏休みの宿題チェックシートにWチェックを入れる

夏休みの宿題を封筒に入れて配布するようにします。
封筒に宿題チェックシートを貼って渡すようにします。

対象学年　全学年

準備物　封筒
　　　　　チェック表

STEP

1　宿題チェックシートを作る。
2　封筒にWチェックシートを貼る。
3　宿題を配り、「もらった」という欄にチェックをする。

KEYPOINT

　ADHD傾向のお子さんはバラバラに宿題を渡すと紛失してしまいます。また、教師が渡したつもりでも、「もらっていません」と夏休み後に言ってくることもあります。そこで、封筒に宿題チェック表を貼って渡すようにします。そのチェック表に「もらった」という項目と「終わった」という項目を書いておきます。こうすることで、宿題のもらい忘れを防ぐことができます。また、「終わった」という項目で、宿題の進捗状況を可視化することができます。

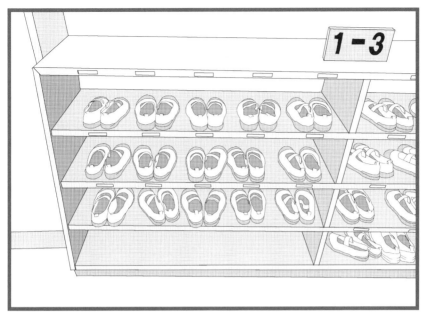

鉄板技術 24 写真を見せて意識を高める

子供に身に付けさせたいことは、時間をかけて教え続ける必要があります。伝える際に、言葉だけでなく「視覚的」に示すことも有効な手段です。

対象学年	全学年

準備物	カメラ 大型テレビ

STEP

1 後始末を意識させる写真を見せる。
2 毎日写真を撮り、良くなったことを褒める。
3 この指導を繰り返す。

KEYPOINT

　1年生、最初の1週間。1時間目のはじめには毎日サイトを使って、子供たちに「後始末」を意識させます。

　毎日、写真を撮り、前日より良くなった時は、前日と比較するように見せて「良くなったね！ すごいね！」と褒めます。1年生にいかに「後始末」を意識させることができるかが大切です。「見せる→褒める→言わせる」といった小まめな意識付けが必要です。

こえのものさし

鉄板技術 25 声のものさしを楽しく指導する

「指導」というと、やや厳しい感じがしますが、目的は子供ができるようになるためです。楽しい雰囲気の中で子供たちが「声のものさし」を身に付けていく指導例です。

対象学年	1年生
準備物	特になし

STEP

1 先生に聞こえたら、聞こえたことを子供に伝える。
2 教師は前にいるだけでなく、後ろにも移動する。
3 最後まで聞こえなかった子を褒める。

KEYPOINT

先生に聞こえないように、お話合いしてごらん。

「1の声」は「お隣さんにだけ聞こえる声」です。なぜ「先生に聞こえないようにお話合いしてごらん」がよいかというと「子供が楽しみながらできるから」です。

このように、子供が笑顔になる方法で指導した方が効果的です。子供と教師の双方向のやりとりがある方が望ましいです。

鉄板技術 26 さよならの前に確認をする

保護者は子供が帰ってきた後に「今日学校どうだった?」と子供に聞くことが多いです。特に低学年の保護者は我が子の学校での様子が気にならないわけがありません。
そこで帰りの会でさよならを言う前に確認することが大切です。

対象学年	全学年
準備物	特になし

STEP

1 さよならをする前に「今日は楽しかったですね」と学級全体に伝える。
2 子供が家に帰って、保護者に「楽しかった」と伝える。
3 言わせたいことを言語化して、学級全体に伝える。

KEYPOINT

　黄金の3日間で今年の先生は違うと思わせたいところです。そこで行うのが、「さよなら」をする前に、「今日も楽しかったね」と子供に話しかけることです。これを行っておくと、子供たちが家に帰ると「今日は学校どうだった?」と保護者に尋ねられた時にすぐに「楽しかった!」と返せるようになります。この実践の効果は抜群です。「さよなら」の前のほんの一瞬の活動ですが、保護者の信頼も厚くなります。もちろん日々楽しい授業や学級経営をすることも大切ですが、それを言語化しておくことも低学年では重要です。

鉄板技術 27

1年生でも食器をきれいにする言葉

食器に残ったスープを、パンにつけて食べてみましょう。
ちょっとした異文化交流であり、食器のきれいな状態を経験させる好機となります。

対象学年	全学年
準備物	特になし

STEP

1 「食器に残ったスープを、パンにつけて食べてみましょう」と説明する。
2 実際にやってみる。
3 きれいな状態を見せて、感想を聞く。

KEYPOINT

この実践のメリットは、主に以下の3つです。

① 食器はきれいになって、給食の先生方は嬉しい。

② 違うパンの味になって美味しい。

③ 汁がこぼれないから給食当番も助かる。

今では「今日はパンの日、海外旅行だね」と言って、パンできれいにしています。これだけきれいにする経験をすれば、ごはんの日もきれいになってくるものです。

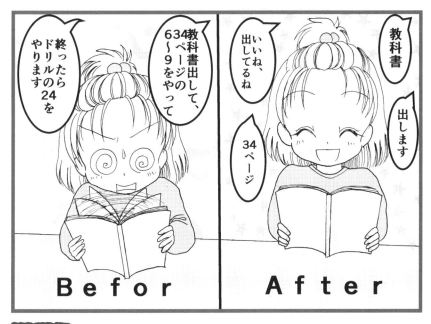

B e f o r

終ったらドリルの24をやります

教科書出して、634ページの〜9をやって

A f t e r

いいね、出してるね

34ページ

教科書

出します

無駄な言葉は削る

子供により話を理解させるための方法です。
丁寧すぎる言い回しは、子供を混乱させる場合があります。

対象学年	全学年
準備物	特になし

STEP

1 授業中の教師の指示はなるべく短くする。
2 なるべく、単語で伝える。
3 子供たちに合わせて指示の速さを変える。

KEYPOINT

　子供たちに理解させようと、たくさん説明してしまうことがあります。子供たちの中には、説明の内容が理解できなかったり、記憶に残らなかったりします。そのため、教師の指示や説明の言葉は、できるだけ短くすることが大切です。

鉄板技術 29

褒めるバリエーションを増やす

「すごい！ すごい、すごいなあ！」と繰り返すと、1回言うだけよりも子供は嬉しい気持ちになります。

対象学年	全学年
準備物	特になし

STEP

1 「いいね、いいね。いいね〜！」と3回繰り返して褒める。
2 いろんなバリエーションで褒める。
3 自分に合う褒め方を選ぶ。

KEYPOINT

　子供たちを様々なバリエーションで褒めることが大切です。例えば、「いいね、いいね。いいね〜！」と3回繰り返して褒める方法があります。しかし、この褒め方も毎回は使わないようにします。あくまで、バリエーションのうちの1つと考えましょう。そして、必ず自分に合う褒め方があります。自分に合わなければ、他の褒め方や他の言葉を考えるようにしましょう。

中村さん
きのうの暗しょう、声が
出ていましたね。成長です。
そういう少しのつみかさねが
大きな成長につながります。
まい日、はいたつ物をくばったり、
黒板をけしたり、ささいな活動かえらい！
6/30 木村

鉄板技術 30 付箋を使って子供を褒めよう

大きな付箋に頑張ったことを書き、子供たちに渡すと子供たちは大喜びです。手軽に書くことができ、さっと渡したり、貼ったりできるのでとても便利です。

対象学年	全学年

準備物	付箋 （大サイズ）

STEP

1 付箋を大量に用意する。
2 子供の頑張ったことを付箋に書く。
3 連絡帳に貼って持ち帰らせる。

KEYPOINT

　子供たちの頑張りや活躍を褒めたり、保護者に伝えたりする際に、付箋に書いて渡します。連絡帳に貼ることで、保護者の方にも見てもらうことができます。
　また、一筆箋よりも書ける文の量も少ないので、手軽に書いてより多くの子供たちに渡すこともできます。誰にいつ渡したかを名簿で管理しておくと、偏りなく渡すことができ、目が届いていなかった子にも意識を向けられます。

上田さんは
聞き名人！

鉄板技術 31

おとなしい子の褒め方

クラスの子の中には、おとなしくて発言を全くしない子もいます。おとなしい子は聞く姿勢を褒めるようにします。

対象学年 全学年

準備物 特になし

STEP

1 教室にいる静かな子を褒める。
2 別の場面でも褒める。
3 褒めたい子が教師側に体を向けている時に褒める。

KEYPOINT

もの静かな子へはこのように褒めます。

「○○くんは、聞き名人だな〜」

次のような場面でも価値付けができます。

「先生の話を聞いてほしい場面に、○○さんは1番に聞いてくれています。このような姿は、素晴らしいですね」

さらに、聞き名人の印象を強めるためには、その子の体が教師側に向いているタイミングを見計らって、

「○○さんを見て、聞く時にこのように体を向けてくれているとね、聞いてもらえている感じがするよね。皆さんも真似してみてくださいね。

鉄板技術 32
カバンの中には
いつも一筆箋を入れておく

カバンの中にいつも一筆箋を入れておきます。
すると、どんな場面でもすぐに礼状などが書けます。

対象学年	全学年
準備物	一筆箋

STEP

1 一筆箋を常時カバンなどに入れておく。
2 子供が褒めたいことや頑張っていることを見付ける。
3 礼状や手紙を書いて保護者や子供に渡す。

KEYPOINT

　カバンの中にいつも一筆箋を入れておきます。すぐに礼状が書けるからです。また、保護者に手紙を書くこともできます。

　例えば、朝、職員室から教室に行く際に、6年生がけがをして泣いている1年生に優しく声をかけていました。「えらいね！」と言って、すぐにその場で一筆箋に書きます。

　こうすることで、学級だけでなく学校全体の子供たちを褒めることができるようになります。

鉄板技術 33 美しい光景を「音」で広げる

乱れている紙を、何も言われずとも自然に揃えることができます。美しい光景をオノマトペにすることで広げやすくなります。

対象学年	全学年 （低学年が効果的）
準備物	特になし

STEP

1 提出物を揃えている子を見つける。
2 「今、〇〇さんがトントントンっと揃えてくれました」と褒める。
3 「〇〇さん、ありがとう」と伝え、学級全体に広げる。

KEYPOINT

「トントントン」という言葉がポイントです。このオノマトペで子供たちはイメージしやすくなります。その後、「トントントン」と言いながら、揃えてくれる子が増えていきます。

「トントントンっと、揃えてくれているね」と伝えることで、子供たちは「揃える」ということを思い出すことになります。「揃える」ということをイメージ化するのです。

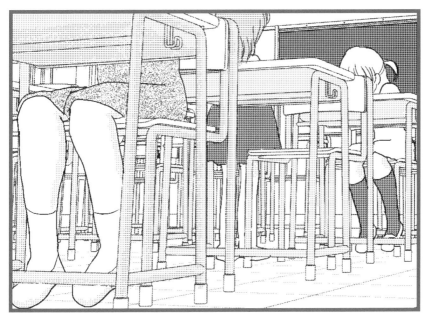

鉄板技術 34
机の横にはできるだけ 物を掛けさせない

机の横には最低限の物しか掛けさせないようにします。
これで余計なトラブルを軽減することができます。

対象学年	全学年
準備物	特になし

STEP

1 机の横に掛ける物を指定する。
2 趣意（理由）を説明する。
3 時々、学級全体で机の横を確認する。

KEYPOINT

　主な理由は、以下の2つ。

① 　教室掃除の際に机を運ぶのが大変になる。
② 　足に引っ掛かってけがをすることを防止する。

　この指導は、年度途中で指導を行ってもなかなか定着しません。そのため、学級開きをする際に教えていくことがポイントです。なぜ、机の横にはできるだけ物を掛けないようにするのか、その意味を伝え、納得させることが大切です。

43

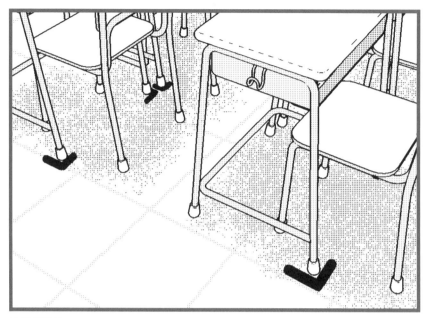

机の位置の印は
前ではなく後ろに書く

机の位置を床に書いている先生は多くいます。
印を机の後ろに書くようにするだけで、子供たちは座ったまま
位置を合わせることができます。

対象学年	全学年
準備物	油性ペン

STEP

1 机の位置を示した印を机の後ろに書く。
2 机を印に合わせるよう指導する。
3 帰りの会や掃除の際に机を印に揃えるように
　する。

KEYPOINT

　教師も一瞬で子供たちが机の位置を印に合わせることができるので快適になります。「さようなら」の挨拶をする前に一斉に合わせることで教室環境を整えることかができます。

　低学年や中学年は机を真っ直ぐに並べることがなかなかできません。机を置く位置を示して教室環境を自分で整える習慣を身に付けさせたいものです。毎日、机の位置を印に合わせることで、子供たちは自分で机を整えるようになります。

36 机の横に便利袋を掛ける

必要な児童だけ机の横に袋を掛けさせます。
これだけで、落とし物やなくし物が減ります。

対象学年	全学年
準備物	上履き袋などの袋

STEP

1 子供に袋を準備させる。
2 筆箱や片付けられないものを入れるように指導する。

KEYPOINT

　学級には、お道具箱に筆箱が入らない児童がいます。そこで、必要な児童だけ机の横に袋を掛けさせるようにします。これで筆箱を置く場所が安定します。この方法は、ADHD傾向の子供には効果的です。筆箱以外にも片付けられないものは、とりあえず袋に入れておくように伝えます。そうすることで、落とし物やなくし物が減ります。継続することで、なくし物が見つからない時は、横の袋を探させると大概入っているようになってきます。

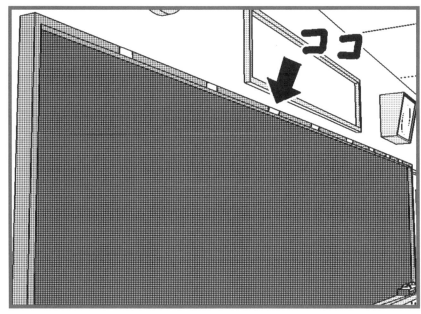

ココ

鉄板技術
37 黒板を８分割する目印を付ける

ビニールテープは黒板の周りの枠と同じ色、もしくは近い色の
ものを選ぶようにします。目立つ色は、刺激になってしまう場
合があるため、避けるようにしましょう。

対象学年	全学年
準備物	ビニールテープ

STEP

1 黒板を８分割する。
2 分割した場所にビニールテープを貼る。
3 黒板を分割する時に活用する。

KEYPOINT

　算数の時間に子供たちに答えを黒板に書かせる時があります。その時に黒板
を８分割する目印があると素早く分割でき、空白の時間を作りません。

　そこで、学級開きの前に黒板を８分割し、ビニールテープで目印を付けてお
きます。この印は算数の時間以外にも様々な場面で活用できます。たくさん書
かせるために広いスペースが必要な場合には４分割にします。

　年度当初に準備をしてしまえば、１年間快適に過ごすことができます。

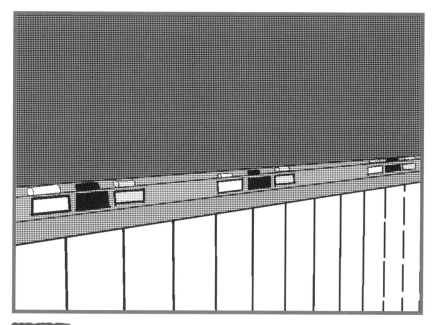

鉄板技術
38 チョークを整理する目印を付ける

使用するビニールテープは白色、黄色、赤色の3色に限定しています。様々な色を使うと見えにくかったり、どこがポイントなのかが分かりにくくなったりします。

対象学年	全学年
準備物	ビニールテープ

STEP
1 ビニールテープを切る。
2 チョークを置きたい場所にビニールテープを貼る。
3 学級全員にチョークを置く場所を教える。

KEYPOINT

黒板のチョークは、散らかりやすいものです。そこで、掃除当番や日直に黒板のチョークを整理・整頓を任せるようにします。この活動を行いやすくするために、チョークを置く場所にビニールテープを貼っておきます。

ビニールテープは、白色、黄色、赤色など、よく使うものにします。この3色のビニールテープを、チョークを置いてほしい場所の下に貼っておきます。これで3色のチョークの置き場所が一目で分かるようになります。

47

鉄板技術 *39* 机の前に番号と名前札を付けておく

担任には必要ありませんが、専科に喜ばれます。

対象学年	全学年

準備物	児童名の書いた名札

STEP

1 名簿の文字を拡大して、印刷をする。
2 ラミネートをする。
3 裏面にマグネットを付けて、机の前面に貼る。

KEYPOINT

　出張や補教などで担任以外の先生が教室で授業をすることがあります。その際、机の前面に出席番号と名前を書いた札が貼ってあると授業を行いやすくなります。ポイントは、見やすいように大きく印刷したり、文字を太くしたりすると効果的です。4月の名前と顔を一致させる時にも役立ちます。

鉄板技術 40 家庭数と児童数を見分ける印を付ける

手紙を配布する時に困るのが、児童数と家庭数の問題です。
席替えしても家庭数を間違えずに配布する方法です。

対象学年 全学年

準備物 ビニールテープ

STEP

1 ビニールテープを切る。
2 机の前面など、目立つところにビニールテープを貼る。
3 ビニールテープが貼ってある子は、家庭数のため、手紙を配布しないことを子供たちに教える。

KEYPOINT

　手紙を当番の子供に配布させます。そこで問題になるのが、児童数と家庭数の配布物です。児童数は全員に配布させればいいのですが、家庭数はそうはいきません。

　そこで、家庭数で配布しない子供の机にビニールテープを貼るようにします。配布する児童は、ビニールテープの有無を見れば一瞬で判断することができるようになります。教師も一目で分かるようになるので、手紙配布が楽になります。

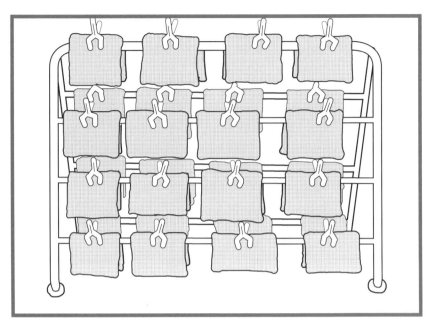

鉄板技術 41

1年生でも雑巾を
きれいに掛ける合言葉

最後の行動まで示して、動かすようにします。

対象学年	全学年
準備物	特になし

STEP

1 雑巾の掛け方を教える。
2 合言葉を教える。
3 できた子やきれいに掛けようとしている子を
  褒める。

KEYPOINT

「雑巾の端をもって、ピッと下に引っ張ります」。これで、みんなきれいにな
ります。雑巾のしわも伸びます。揃っていないと下には引っ張れないものです。
　指導の目標地点を100とすると110のところを「仕上げ」の行動として示
すようにします。もちろん、子供たちに無理のない範囲においてです。その後
は「端っこをピッ」の合言葉でやっていきます。子供たちは「ピッ！」と言い
ながらやるようになります。

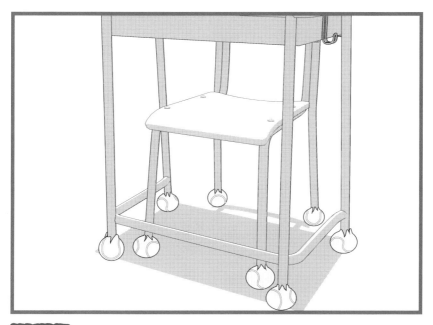

鉄板技術 42

椅子や机にテニスボールを付ける

椅子や机にテニスボールを付けると聴覚が過敏な子への配慮になります。
ユニバーサルな学校・学級づくりの一歩となります。

対象学年	全学年
準備物	切ったテニスボール

STEP

1 テニスボールを児童数分確保する。
2 テニスボールに切込みを入れる。
3 机と椅子に取り付ける。

KEYPOINT

　コンクリートにゴムのラバーを貼っている床の教室は、椅子や机を引きずる音が大きく響きます。椅子や机にテニスボールを付けることでこの問題が一気に解決します。テニスボールを切る作業が大変ですが、職員作業で取り組んだり、PTAに協力してもらったりすると作業が楽です。
　しかし、荒れている学級や学校では、実践することが難しい場合もあります。その場合には、柔軟に対応するようにしましょう。

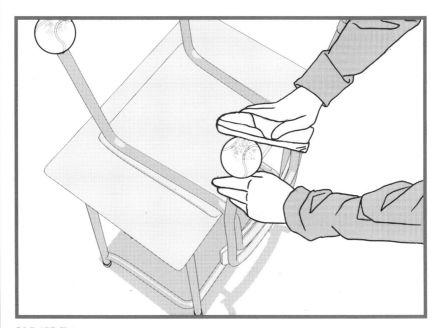

鉄板技術 43 テニスボールの掃除には上履きを使う

椅子や机にテニスボールを付けていると、ホコリが付着します。子供たちと掃除をすると、うまくホコリが取れない子が必ずいます。この時に上履きを使うようにします。

対象学年	全学年
準備物	上履き

STEP

1 机や椅子をひっくり返す。
2 上履きの裏でテニスボールを擦る。
3 取れたホコリをまとめて捨てる。

KEYPOINT

上履きの裏面で擦るとよく落ちます。テニスボールを掃除する時には、アレルギーの子供もいるので、窓を開けるなどの配慮をするようにしましょう。また、上履きで落ちない場合は、テニスボール同士を擦っても落とすことができます。上履きでテニスボールを掃除することで、ほとんど手も汚れずにたくさんホコリが取れるので、子供たちは楽しんで掃除をするようになります。また、最初はうまく掃除できない子も繰り返し行ったり、隣の子とペアで掃除をしたりすることで、徐々に上手に掃除をすることができるようになってきます。

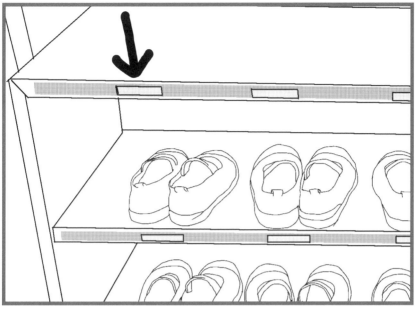

名札シールには
セロハンテープでカバーをする

ロッカーなどにビニールテープを貼っておくと、年度末に一気に剝がせて便利です。さらに、ビニールテープの上に貼る名札の上にセロハンテープを貼ると長持ちします。

対象学年	全学年

準備物	名札 セロハンテープ

STEP

1 名前シールを貼る。
2 名前や番号シールの上にセロハンテープを貼る。

KEYPOINT

名前シールにセロハンテープでカバーを付けるようにします。これで名前シールが剝がれることは、ほとんどありません。年度当初にこの作業を行っておくことをお勧めします。中・高学年の子供たちならセロハンテープを自分たちで貼ることもできます。

ブックカバーを切って貼る方法もありますが、セロハンテープの方が手間を省くことができ、簡単に貼ることができます。

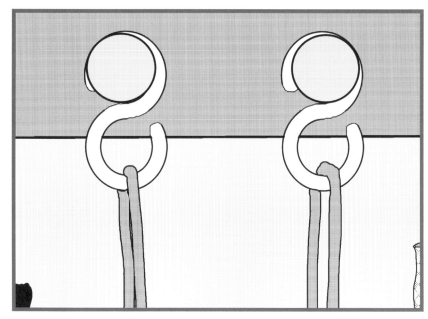

鉄板技術
45

廊下の物掛けにフックを掛ける

廊下に子供たちの体育着や音楽バッグなどが落ちていることがあります。廊下の物掛けだけでは足りないことが原因の場合、フックを掛ければ解決します。

対象学年	全学年
準備物	Ｓ字型フック

STEP
1　Ｓ字型フックを児童数分確保する。
2　廊下のフックにＳ字型フックを掛けさせる。

KEYPOINT

　廊下のフックが丸い形をしている学校は多いと思います。安全性は高いですが、荷物がよく落ちます。そこで、Ｓ字型のフックを活用します。これを活用すれば、フックに掛けられる荷物の量が増えます。Ｓ字型のフックは安全性を考慮し、プラスチックがお勧めですが、壊れやすいので金属のもので構いません。学校や学級の実態に合わせて選択してください。1年生から購入すれば、フックに掛ける習慣も身に付いてきます。

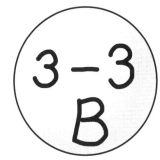

鉄板技術 46 クラスボールはＡとＢに分ける

クラスボールを「3-3A」「3-3B」などと分けておきます。
こうすることでボールがなくなった時に責任の所在が明確にな
ります。

対象学年	全学年
準備物	A・Bに分けた ボール

STEP

1 クラスボールにＡ・Ｂと書く。
2 ボールがなくなった際に、使っていた子に確
認する。

KEYPOINT

　各クラスにボールが2個支給される場合があります。そのクラスボールに
「3-3A」「3-3B」などとボールを分けておきます。こうすることで、ボー
ルがなくなった時に責任の所在が明確になります。「Aボールで遊んでいた人、
ボールはどこですか？」などと尋ねるようにします。これが何も書いていない
とバスケットボールで遊んでいた子とサッカーで遊んでいた子のどちらがなく
したのかが、分からなくなってしまいます。

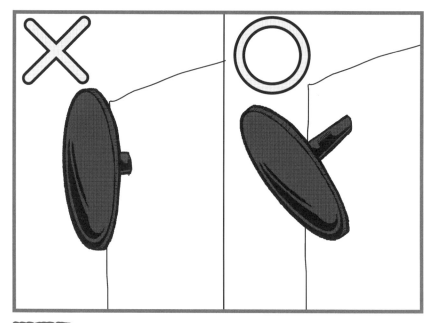

鉄板技術 47
画鋲は斜めに留めることを
子供たちに教える

画鋲を斜めに留めることを知っている先生は多いです。
この方法を子供たちにも教えます。

対象学年 全学年

準備物 画鋲

STEP

1 画鋲の留め方を子供たちに教える。
2 斜めに留めている子を褒める。

KEYPOINT

　係活動が充実してくるとポスターがどんどん貼られてきます。その際に指導
をしたいのが、画鋲の留め方です。画鋲は斜めに留めます。これを子供たちに
も教えておきます。子供たちは指導をしておかないと、画鋲を力一杯押してし
まいます。後でポスターを貼り替える時に一苦労となります。

　最初に指導をするだけで、子供たちは留め方を覚えていきます。掲示物を貼
る際、手伝ってもらう時に大変役立ちます。

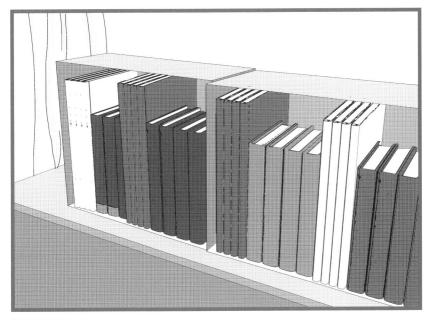

鉄板技術
48

学級文庫は段ボールに入れておく

段ボールに収納しておくことで教室移動に便利です。

対象学年	全学年
準備物	段ボール

STEP

1 大きい段ボールを用意する。
2 本を収納する。
3 運ぶ時は段ボールごと運ぶ。

KEYPOINT

　学級文庫は段ボールに収納しておくと便利です。底の深い段ボールを用意して、そこに本を入れます。段ボールを立てておくだけで簡易本棚の完成です。段ボールに収納しておくことで、いちいち、本を縛って運ぶ手間が省けます。
　年度末の教室移動の時に片付けに時間をかけずに運べるのでとても便利です。

鉄板技術 49 学級に本を追加する時は内容を紹介する

教師が新しい本を持ってきて学級文庫に追加する時は、少し内容を紹介します。読書があまり好きではない子でも、続きが気になり、本を手に取るようになります。

対象学年	全学年
準備物	本

STEP

1 学級文庫を準備する。
2 学級全体で本の概要を紹介する。
3 学級文庫を増やすたびに本を紹介する。

KEYPOINT

　学級文庫に新しい本を入れる時は、朝の会などで内容を紹介するようにします。例えば、身近な疑問を集めた本であれば、子供たちが興味・関心を示しそうな内容をピックアップし、いくつか紹介します。物語や小説であれば、裏表紙に書かれているあらすじなどを読みます。

　読書好きの子供はもちろん、読書があまり好きではない子たちも、「続きが気になる！」と言って、本を手に取るようになります。

　新しい本を置くコーナーを作っておくと、子供たちの目に留まりやすくなり、なお良いでしょう。

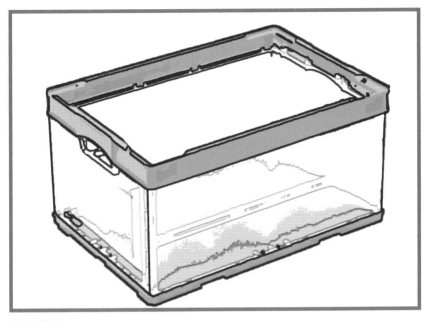

鉄板技術 50
透明ラックを活用して収納する

透明ラックは便利できれいです。
折り畳めるので、場所を取りません。

対象学年	全学年	

準備物 透明ラック

STEP

1 透明ラックを準備する。
2 使用する時だけラックを組み立てる。
3 使用しない時は、畳んで保管する。

KEYPOINT

　透明ラックは折り畳むことができます。そのため、場所を取りません。初期投資は、1000円以上しますが、10年教師をするならば、十分、元をとることができます。見た目もきれいなので、清潔感があります。

　使う時だけラックを組み立て、活用するようにしましょう。

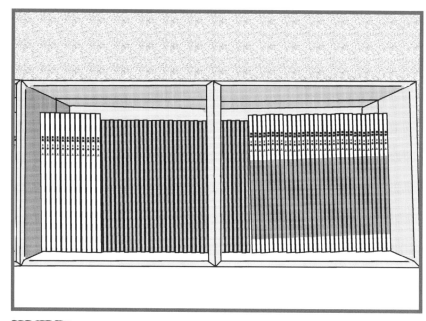

鉄板技術 51

教科書とノート回収で
忘れ物を防止する

理科と社会科、書写、総合ノートなど授業が終わると回収し、
集中管理をしています。
これだけで忘れ物防止策になります。

対象学年	全学年
準備物	特になし

STEP

1 授業終了後に教科書やノートを回収する。
2 保管する場所を決め、集中管理する。
3 授業が始まる前に教科書とノートを配布する。

KEYPOINT

　子供たちはノートなど回収物を提出したら授業終了となります。5分休憩に配布当番に配らせるなどして、忘れ物を防止します。また、ランドセルが軽くなるということで好評です。子供たちは、理科や社会科の教科書やノートなどを毎日持ち帰らせても、家で見ることは少ないものです。ノートまとめの続きをしたくて、どうしても持ち帰りたいなどの特別な場合には、もちろん持ち帰らせます。それ以外の日は教室で集中管理をしましょう。

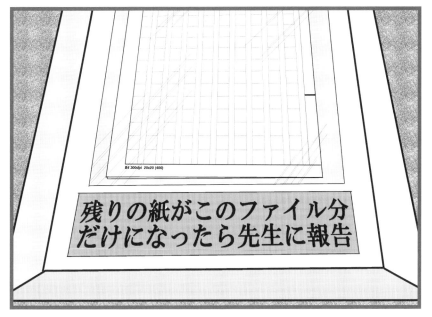

残りの紙がこのファイル分
だけになったら先生に報告

鉄板技術 52 紙が無くなる前に 報告するシステムを作る

教室にノート用紙や白紙を用意しておくと、気付いたら紙が無くなっていることがあります。紙が少なくなったことを知らせるタイミングを明確にしておくと、紙が無くなる前に追加できます。

対象学年	全学年
準備物	クリアファイル

STEP

1 先生に報告するファイルを作成する。
2 大量の用紙の下にファイルを入れておく。
3 報告があったら印刷し、用紙を補充する。

KEYPOINT

　大量の紙の下に、「残りの紙がこのファイル分だけになったら先生に報告」と書いたファイルを入れておきます。紙切れになる前に教師が追加できるため、ノートを忘れて、紙を使いたい時に使えないなどということがなくなります。

　また、そのファイルの中にも数十枚紙を入れておくと、報告後に教師がすぐに補充できなくても、紙切れを防ぐことができます。

フラッシュカードは
種類別に保管する

フラッシュカードをカテゴリー別にダブルクリップで留めておきます。これだけで、すぐに授業で活用することができ、保管もしやすくなります。

対象学年	全学年
準備物	ダブルクリップ

STEP

1 フラッシュカードを種類別に分ける。
2 クリップで種類ごとに留める。
3 整理して棚などに保管する。

KEYPOINT

　フラッシュカードを授業の導入や朝の会などに活用することがあります。短時間でフラッシュカードの学習をするため、すぐに取り出すことができ、管理もしやすくしたいものです。そこで、フラッシュカードをカテゴリーごとにダブルクリップで留めておきます。もちろんカテゴリー別ではなく、その時間で学習させたいカードごとに留めておいても構いません。イラストは都道府県ですが、英語や国語など、どのフラッシュカードでも応用が可能です。

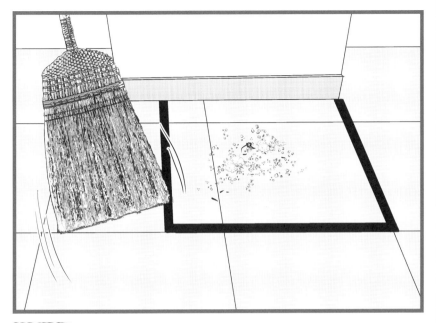

鉄板技術 *54* ゴミを集める場所を明確にする

掃除の時間、ほうきで掃いたゴミをどこに集めるのか決めておきます。ビニールテープなどで囲いを作っておくと、集める場所が明確になります。

対象学年	全学年
準備物	ビニールテープ

STEP

1 ゴミを集める場所を決める。
2 ビニールテープなどで印を付ける。
3 掃除の時間に印の場所にゴミを集める。

KEYPOINT

掃除の時間、ほうきで掃いたゴミが散らばってしまったり、複数の場所に集められ取り忘れたりすることがあります。

ビニールテープなどで囲いを作っておき、ゴミを集める場所を明確にしておくことで、子供たちもそこに向かってゴミを掃くことができます。また、ゴミが狭い範囲にまとまるため、ちりとりでゴミを取るのも楽になります。

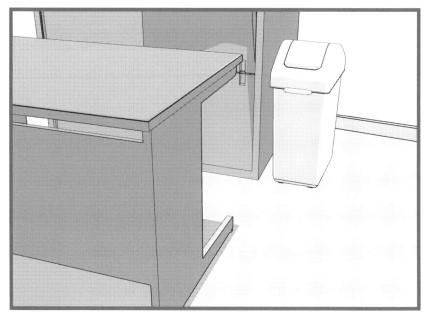

55 ゴミ箱は教師の机の近くに置く

ゴミ箱は、教師の机の近くに置きます。
ゴミが散乱することを防いだり、トラブルを減らしたりすること
ができます。

対象学年	全学年
準備物	特になし

STEP

1 ゴミ箱を準備する。
2 教師の机の近くに置く。

KEYPOINT

　ゴミ箱を置く位置は、クラスによって様々です。教室前方や後方にある場合
もあれば、衛生面を配慮して廊下に置いてある場合もあります。

　教師の机の近くに置くことで、子供たちがゴミを捨てる場面を目の前で見る
ことができ、投げ入れたり、周りに散らかしたりすることを防止できます。ま
た、教師の近くにあることが抑止力となり、誰かの持ち物が捨てられるといっ
たトラブルも起こりにくくなります。

ゴミ箱は複数の場所に置く

教室をきれいにするためにゴミ箱を複数の場所に置くようにします。

対象学年	全学年
準備物	複数のゴミ箱

STEP

1 複数のゴミ箱を準備する。
2 教室の離れた場所にゴミ箱を置く。

KEYPOINT

　教室にゴミ箱を複数の場所に置くようにします。私のクラスはゴミ箱4個を2個ずつに分けて離れた場所に置いています。子供たちは、自分の席に近い方にゴミを捨てるようになります。複数の場所にあるとなぜか子供たちは、積極的にゴミを捨てるようになります。

　ゴミ捨ての際には、ゴミ箱のゴミを1つにまとめて捨てに行くようにします。こうすることで、たくさんのゴミ箱を運ぶ必要がなくなります。

鉄板技術
57

ゴミ箱の表示は内側へ貼る

ゴミ箱の表示をゴミ箱の外へ貼っているとゴミの分別が徹底できないことがあります。
そのような時はゴミ箱の表示を中へ貼るようにします。

対象学年	全学年
準備物	ゴミ箱の掲示 （2枚）

STEP
1 ゴミ箱の表示を作成する。
2 ゴミ箱の表示を内側に貼る。
3 必要に応じて外側にも表示を貼る。

KEYPOINT

　ゴミ箱の外側に表示がしてある学校や学級は多いと思います。しかし、この表示方法では、子供たちからは見えにくいものです。

　そこで、ゴミ箱の表示を内側へ貼るようにします。底に付けることもできますが、汚れてしまったり、ゴミが増えると見えなくなったりするため、内側の側面に貼るようにします。これで子供たちも表示が見えやすくなり、ゴミの分別がしやすくなります。特別支援を要する児童が多いクラスには効果的です。

ゴミ箱の下に段ボールを敷く

ゴミ箱にホコリなどを捨てる時に、床に落ちることがあります。
それを防止するための方法です。

対象学年	全学年
準備物	段ボール

STEP

1 段ボールをゴミ箱が入る大きさに切る。
2 ゴミ箱の下に敷いておく。
3 段ボールが汚れたり、壊れたりしたら交換する。

KEYPOINT

　ゴミ箱の下に段ボールを敷くようにします。こうすることで、鉛筆削りのゴミやチョークの粉など細かいものを捨てる際に、落としても床が汚れません。4月の箱がたくさん出る時期に準備をすれば、1年間快適に過ごすことができるようになります。

　イラストの箱は、テストが入っていた箱です。テストが来るたびに段ボールを変えていくことで、ボロボロになるのを防ぐことができます。

鉄板技術
59

学級でローズマリーを育てる

植物を育てると、学級が豊かになります。学級で育てやすい
植物はハーブで、その中でもローズマリーが育てやすいです。

対象学年	全学年
準備物	ローズマリー

STEP
1 ローズマリーを準備する。
2 教室の日当たりのよいところに置く。
3 当番や係が水やりを行う。

KEYPOINT

　植物係を作っても、水やりがネックになります。教師が休日に水やりをする
植物を育てるのは、仕事を増やすだけです。お勧めなのが、ローズマリーです。
2週間水やりを忘れていても枯れませんし、水を毎日あげても枯れません。
　ローズマリーを教室で育てるメリットは、以下の通りです。

① 　水やりが楽で、忘れても枯れにくい。
② 　虫が嫌う匂いのため、虫よけにもなる。

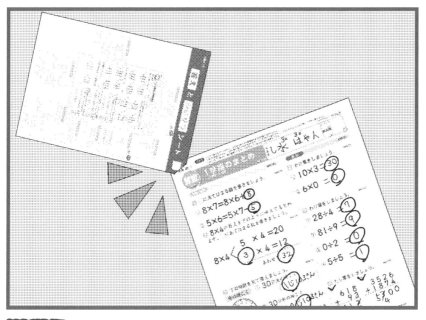

鉄板技術 *60* テストと見直しシートをセットにする

テスト返しの際に見直しシートを配り、テストと一緒に綴じさせます。たったこれだけで、保護者も安心します。

対象学年	全学年
準備物	テスト 見直しシート ステープラー

STEP

1 見直しシートを配布する。
2 テスト直しをさせる。
3 100点になったら、見直しシートとテストを綴じさせる。

KEYPOINT

通常、テストと見直しシートは、そのまま持ち帰らせることが多いと思います。そうではなく、テストを返却し、間違い直しをさせた後に見直しシートとテストをステープラーで綴じさせます。こうすることで、テストや見直しシートの紛失防止につながります。

また、子供たちも見直しをしっかりと行うようになります。保護者にもしっかり見直しを行っているのが伝わるので、効果抜群です。

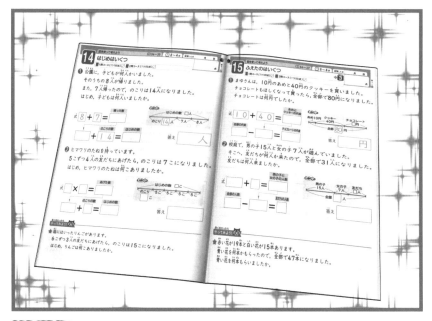

鉄板技術
61 算数の教材研究時間を短縮する

算数の教材研究はゴールから考えます。
計算スキルから教材研究を組み立てます。

対象学年	全学年
準備物	計算スキル

STEP

1 計算スキルを準備する。
2 基本型を確認する。
3 授業で基本型を教える。

KEYPOINT

　算数の教材研究で「あれ？」と困ることがあります。「このページの心臓部は
どこなのかな？」「その心臓部をどうやって教えたらいいのかな？」などと困っ
た時は、あかねこ計算スキルを使います。授業の「終末」からイメージします。
　「①計算スキルを、②どの子も（あの算数が苦手なＡ君も）、③100点をと
るためには」どうしたらいいだろうか？　計算スキルには、解くための「基本
型」も載っています。ドリルと決定的に違うところです。教材研究が「時短」
できる、それが「あかねこ計算スキル」の良さです。

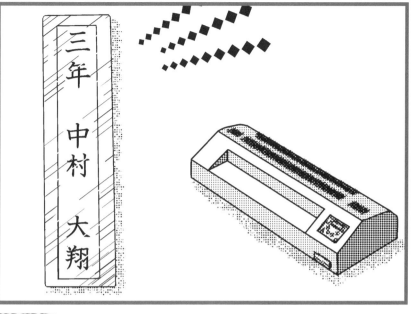

鉄板技術
62

書写の名札にはラミネートをする

書写で難しいことの1つに自分の名前を書かせることがあります。そこで、名札を作りラミネートをしておきます。

対象学年　3年生以上

準備物　ラミネートした名札

STEP

1　名札を作り、短冊状に切る。
2　ラミネートをする。
3　書写の時間のたびに、子供たちに配布する。

KEYPOINT

　作り方は、ワードや一太郎で、A4もしくはB4サイズに設定し縦書きで学年と名前を書きます。フォントは、「教科書体」を使います。お手本をご自身で書くことができる先生は、手書きでももちろん構いません。そして、名札を短冊状に切り、ラミネートをします。名前を書くことが苦手な子には、半紙の下に名札を入れて直写も認めることにします。これだけで名前の文字の形が整います。ラミネートをしているので、汚れても雑巾でふけばすぐきれいになります。

63 書写ばさみは机の横に掛けておく

書写の時間に困るのが練習した半紙の保管場所です。
書写ばさみを一度作ってしまえば、1年間安定して学習を進めることができます。

対象学年	3年生以上

準備物	綴じ紐2本 方眼紙2枚 ガムテープ

STEP

1 方眼紙の上部分中央にパンチで穴を空ける。
2 2枚穴を空け、それぞれに綴じ紐を付ける。
3 穴の空いた方眼紙の表面を2枚とも外側に向ける。
4 方眼紙の下の部分をガムテープでとめる。

KEYPOINT

　3年生の子供たちでも作り方を教えれば十分に作ることができます。完成した書写ばさみには、新聞紙1日分をはさんでおきます。こうすることで、練習した半紙をたくさん保管することができます。

　机の横に掛ければ、スペースもほとんど必要ありません。

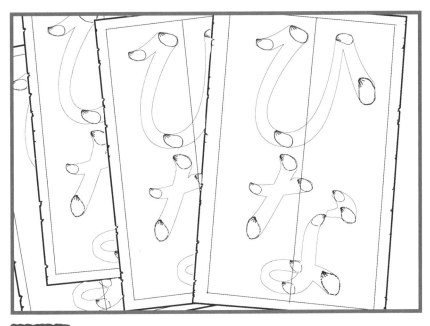

鉄板技術
64

書写におけるなぞり書きの指導

半紙に直接お手本を印刷することで、筆の入れ方が体感できます。
印刷用の半紙も売られているので購入しておくと便利です。

対象学年	3年生以上
準備物	印刷用半紙

STEP

1 半紙にお手本を印刷する。
2 子供たちに3枚程度配布する。
3 なぞり書きをさせ、筆の動かし方を体感させる。

KEYPOINT

　書写の指導は、システムで指導を行います。その際に活用するのが、お手本を半紙に印刷したものです。半紙に直接印刷することで、子供たちは筆の入れ方を体感することができます。これを3回繰り返した後に、写し書きをします。この指導をすることで、特別支援を要する子も集中して書くことができます。
　普通の半紙にお手本を印刷しようとすると、印刷機に詰まる可能性がありますので、印刷用の半紙を学校で購入することをお勧めします。

鉄板技術 *65* 育てている植物に名前を付ける

1年生から3年生は学校で植物を育てる機会が必ずあります。
植物を植える時は、必ず名前を付けさせるようにします。

対象学年	全学年
準備物	名札、植物

STEP

1 植物に名前を付けさせる。
2 短冊に植物の名前を書かせる。
3 ラミネートをする。
4 植木鉢に差しておく。

KEYPOINT

　植物を植える時は、必ず植物に名前を付けさせます。こうすることで、子供たちは愛着をもって育てるようになります。また、水やりや草抜きも意欲的に行うようになります。まず、短冊状に切った画用紙に自分で決めた名前を書かせます。名札には、名前の他にイラストを書いたり、色を塗らせたりしても構いません。名前を書かせたら回収し、名札をラミネートします。これで雨に濡れても平気です。ラミネートした名札を植木鉢に差せば、子供たちは一目で自分の植木鉢が分かるようになります。

鉄板技術 66

五感を使って
観察する機会を作る

観察の際には「視覚」が重視されますが、五感を使って、体全体で関わる機会を作り、子供たちに、より多くのことを感じ取らせる機会としましょう。

対象学年	全学年
準備物	特になし

STEP

1 観察の5つの方法を教える。
2 教えた方法で観察させる。
3 観察したことを交流する。

KEYPOINT

　観察では「スケッチ」をはじめ「見る」「かく」技能が注目されますが「対象との関わり方」を教える場でもあります。そこで、できる限り「自然」を体感することができるように、観察の前に教室で次の5つの方法を教えます。
①目で見る（形・色・模様）　②触ったら音がなるかな　③匂いはするかな
④触った感じはどうかな（葉っぱの表と裏は同じかな）　⑤味はどうかな
　これで、五感を使って学ぶことができるようになっていきます。

作品と一緒に個人写真を撮る

個人写真を撮る機会は多くありませんが、作品と一緒に撮っていけば自然に撮ることができます。
その子の成長の記録にもなる一石二鳥の方法です。

対象学年	全学年
準備物	デジタルカメラ

STEP
1 作品が完成したら写真を撮ることを伝える。
2 作品と一緒に個人写真を撮影する。
3 写真を保管し、活用する。

KEYPOINT

　「上手にできたね！ 写真を撮っておこう！」と言って写真を撮ります。すると、自然な写真が撮れます。個人写真を撮っておくことは、後々、役立つことが多いです。図工だけでなく、書写や生活科などでもいいです。転出する際にプレゼントできます。懇談会で一人一人の写真をスライドショーで見せることもできます。そして評価の際にも役に立ちます。個人写真を撮る機会は多くはないですが、作品と一緒ならば自然に撮ることができます。特に低学年担任にはお勧めです。最後の日に一人一人に撮りためた写真をプレゼントしても喜ばれます。

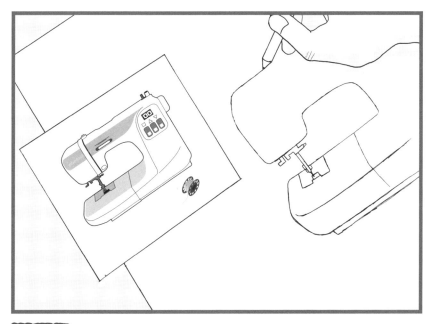

鉄板技術
68 # 人物画における小物の描かせ方

人物画で、背景や小物を描かせます。その際、何も見せず
に描かせると、多くの子供たちは失敗します。検索サイトで
「〇〇　イラスト」と検索するとイメージしやすくなります。

対象学年	全学年

準備物	名簿用紙

STEP

1 描きにくい背景や小物を印刷する。
2 10枚くらい印刷して選ばせる。
3 次の時間に必要な印刷物を名簿に書かせる。

KEYPOINT

　背景や小物を描かせるのは難しいものです。例えば、ミシン。そのような時
は、グーグルで検索します。「ミシン　イラスト」。イラストがポイントです。
写真や実物に比べて、線がはっきりしています。ミシンのイラストを10枚く
らい印刷します。そして、「自分が一番好きなのを描いてごらんなさい」と指
示をします。授業のたびに、名簿用紙を教師の机に置いておきます。そして授
業が終わるたびに、次の時間に必要なイラストの印刷を名簿用紙に書いておき
ます。その場で名簿に書いておかないと忘れます。そのため、授業中に書いて
おくことが大事です。

鉄板技術 69 小ぎれいに服をたたむことを教える

100点主義で進めてしまうと、それ以外の面で弊害が出てきます。褒めることを中心にして「小ぎれい」に後始末ができるようにしていきましょう。

対象学年	全学年
準備物	特になし

STEP

1 服のたたみ方を教える。
2 お手本を写真に撮る。
3 着替えの際にきれいにたたんでいる子供を褒める。

KEYPOINT

　お手本を見せて、全員にさせてみることが大切です。ここでポイントは「それなり」「小ぎれい」にしておくということです。完璧を求めすぎると時間がかかりすぎて、別の弊害が出てきます。80点でいいのです。「これはちょっと」と思う子だけは個別に教えます。概ねできていれば、全体でやる必要はありません。4月は、これでやりますが、その後は「袋に入れておく」ようにします。5月になり運動会の練習が始まる段階で、朝来たら着替えておくように切り替えるからです。「たたむのが上手だね！　おうちの人にも見せてあげるんだよ」と言って、きれいに服をたたみたい意欲を高めていくようにします。

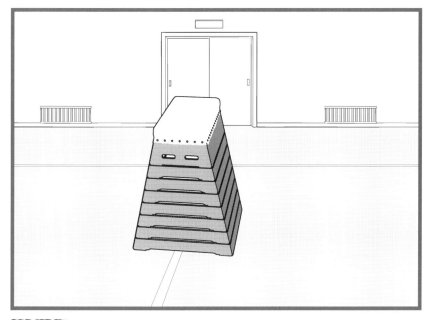

鉄板技術 70 ドッジボールに跳び箱を使う

ドッジボールのコートに跳び箱を置きます。

対象学年	全学年

準備物	跳び箱 柔らかい ドッジボール

STEP

1 跳び箱を準備する。
2 ドッジボールのコートに跳び箱を置く。
3 ドッジボールをする。

KEYPOINT

　ドッジボールのコートに跳び箱を置きます。「隠れるため」にです。これだけで子供たちは熱狂します。ドッジボールが苦手な女子も喜びます。ボールに当たる心配が少なくなるからです。なお、ボールは柔らかいボールを使います。ソフトバレーボール用の柔らかいボールです。高学年男子は、とても速い球を投げます。もし当たり方が悪ければ、骨折してしまいます。男子も、女子も楽しめるように、柔らかいボールを使うようにしましょう。

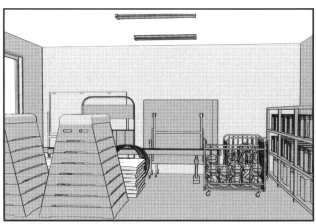

写真のように美しくかたづけましょう！

・バスケットボール　・跳び箱　・調整版　・マット　・平均台　・フラフープ　・得点版
・卓球台　・ピンポン玉　・ホワイトボード　・なわとび　・ドッジボール
・ソフトドッジボール　・シャトル

鉄板技術
71　「体育倉庫」がきれいになる掲示物

きれいな状態を写真で撮っておくだけの「整頓術」です。

対象学年	全学年

準備物	ラミネートした見本写真

STEP

1　体育倉庫のきれいな状態の写真を撮る。
2　写真をラミネートして、掲示する。
3　写真のように片付ける。

KEYPOINT

　体育倉庫は、しばらくすると、汚くなります。いくら体育主任がきれいにしても、1週間後には、ぐちゃぐちゃになってしまいます。そうならないために、きれいな状態を写真で撮ります。そして、ラミネートをして、掲示します。完成形がイメージできるから、どこに、何を片付ければいいのかが明確になります。また、この棚には何があるのか、この倉庫には何があるのかを明記しておくと、探す人の負担が減ります。

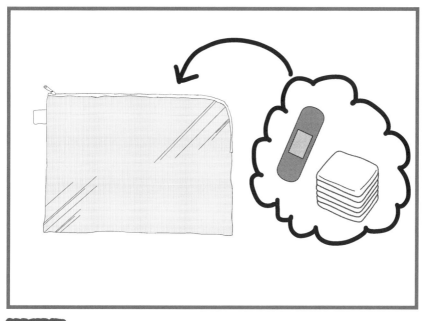

鉄板技術 72 体育館にミニ救急バッグを置く

体育館に絆創膏や脱脂綿などを入れたミニ救急バッグを置いておきましょう。
これがあるだけで、安心して体育の授業を行うことができます。

対象学年	全学年 （低学年が効果的）
準備物	小さい 救急バッグ

STEP

1 ミニ救急バッグを準備する。
2 体育館に設置する。
3 子供がけがをしたら使用する。

KEYPOINT

体育館でちょっとしたけがをした場合、保健室まで行き、治療して戻ってくると活動時間が少なくなってしまいます。また、担任が付き添う訳にもいかず、子供に付き添ってもらい、保健室まで行かせてしまうと、付き添った子供の体育の時間も奪うことになります。そこで、体育館にミニ救急バッグを置いておきます。ちょっとしたけがなら、このバッグで十分に治療が完了し、教師にとっても子供たちにとっても安心して体育を行うことができます。

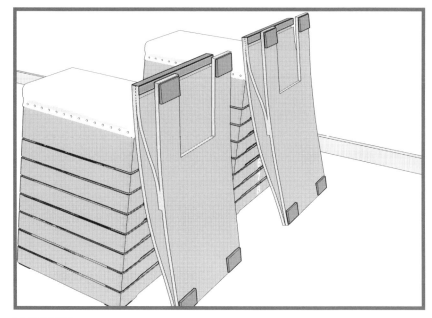

鉄板技術 73

跳び箱と踏み切り板は
セットで保管する

跳び箱の場作りには時間がかかります。
子供たちに活動時間を保障するために、跳び箱と踏み切り板
をセットにして保管します。

対象学年	全学年

準備物	跳び箱 踏み切り板

STEP

1 跳び箱と踏み切り板をセットにする。
2 台車がある場合は一緒に乗せておく。
3 使い終わったら、セットにして片付ける。

KEYPOINT

　跳び箱の指導をする時に課題になるのが、準備と片付けの時間です。場作り
に時間がかかり、子供たちの活動時間が奪われてしまいがちです。
　そこで、跳び箱と踏み切り板を運ぶ台にセットにして保管するようにします。
安全管理をしっかりすれば、運ぶのがとても楽になります。継続的に指導をす
ることで、子供たちもよりゆっくり運ぶように意識するようになります。準備
や片付けも簡単になり、教師も子供も快適になります。

鉄板技術 74 校庭で整列する位置を可視化する

運動会や引き渡し訓練で整列する位置を明確に示す時があります。そんな時は、視覚的に位置を示すようにしましょう。

対象学年 全学年

準備物 名札
コーン

STEP

1 表示を作る。
2 コーンに表示を付ける。
3 子供が整列する位置にコーンを置く。

KEYPOINT

まず、ミニコーンとラミネートされた表示を準備します。表示のサイズは、目的によって変えることができます。表示の作り方は、クラスの表示を2枚作成し、ラミネートをします。この2枚をどちらも表面にし、端をステープラーで留めます。あとはこれをコーンに被せるだけです。

このような視覚的な支援をすることで、低学年の子供たちや発達障害の子供たちは安心して整列する位置に並ぶことができます。

カードリング

鉄板技術 75 プレルボールの簡易ネットはリングを使う

プレルボールの準備で大変なのがネットです。
コーンとゴム紐を使った簡易ネットを使うと準備が簡単にできます。

対象学年	中学年以上

準備物	ゴム紐 リング4つ カラーコーン

STEP

1 材料を準備し取り付ける。
2 取り付け方と片付け方を子供たちに教える。
3 ゲームをする時に子供たちに準備させる。

KEYPOINT

　プレルボールで意外に準備が大変なのがネットの準備です。ネットが微妙な高さであるため、道具が必要になります。そこで、コーンとゴム紐、リングを使った簡易ネットを活用します。準備物は、1つのコートに対して、リングの付いたコーン4つとリングの付いたゴムのみです。この簡易ネットはワンタッチで、ネットの取り外しができます。また、ボールがネットに当たるとゴムの弾力でコーンが動きます。そのため、動かないようにコーンを2つ重ねておくと、ボールが当たっても動かなくなります。

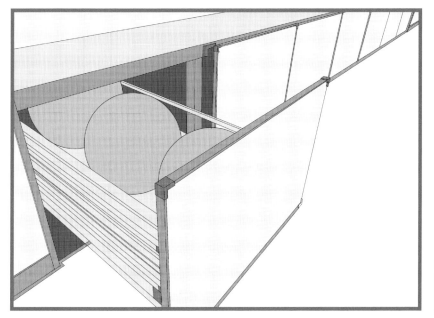

鉄板技術 76 バランスボールの保管場所を工夫する

バランスボールの保管場所に体育館の椅子置き場を活用します。バランスボールの準備と片付けが一気に楽になります。

対象学年 全学年

準備物 バランスボール

STEP

1 バランスボールを体育館の椅子置き場に入れる。
2 使用する時のみ取り出す。
3 学校全体に保管場所を伝える。

KEYPOINT

体つくり運動を行う際に活用するのがバランスボールです。体幹のトレーニングにとても効果的です。しかし、バランスボールで困ることがあります。それが、バランスボールの保管場所です。

そこで、体育館の椅子置き場をバランスボールの保管場所として活用します。ここなら取り出しも簡単にでき、片付けも簡単に行うことができます。体育倉庫などの場所を取らずに収納することができるので、お勧めの保管術です。

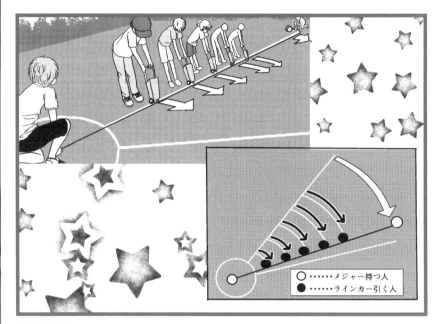

○……メジャー持つ人
●……ラインカー引く人

鉄板技術 77

ボール投げのライン引きは 同時進行で行う

ソフトボール投げのラインを一気に引く方法です。
この方法で行えば、短時間でソフトボール投げのラインを引くことができます。

対象学年 全学年

準備物 複数のラインカー

STEP
1 使用する道具を準備する。
2 手順通りに作業をする。

KEYPOINT

①外側の2本のライン、円は引いてあります。②一人が円の中心にメジャーの「0」を固定します。③一人がメジャーを数十メートル伸ばした端を持ちます。④この人は外側のライン上にメジャーを置きます。⑤ラインカーを持った教員数名（多いほどいい）がメジャーの「5m」「6m」「7m」「8m」……の印の前に並びます。⑥メジャーの端を持った人が反対側のラインに向かって歩き出します。⑦ラインカー隊は自分の「○m」の表示（メジャー）を追いかけてラインを引きます。⑧同時に何本も一気に下書きなしで引けます。

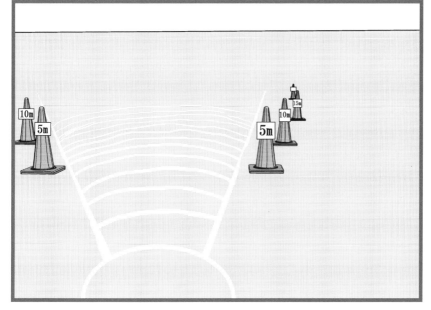

鉄板技術 78 ボール投げの表示と目標を分かりやすく示す

スポーツテストで子供たちのボール投げの記録を伸ばし、子供の記録をすぐに計測する工夫です。

対象学年	全学年

準備物	コーン 記録の表示 高跳びのセット

STEP

1 表示の付いたコーンを置く。
2 高跳びのバーを子供たちの実態に応じた高さにする。
3 バーを越えるように投げさせる。

KEYPOINT

ソフトボール投げの記録を示す白線の横に、記録を示すコーンを置きます。こうすることで教師の計測が簡単にできるようになり、子供たちも記録がすぐに分かります。また、投げる目標として高跳びのバーを置きます。ここを越えるように投げさせれば、地面に叩きつける子もいなくなります。練習の時から、このような視覚的な目標を示すことで、子供たちの記録を伸ばすことができます。教師も子供も快適になる方法です。

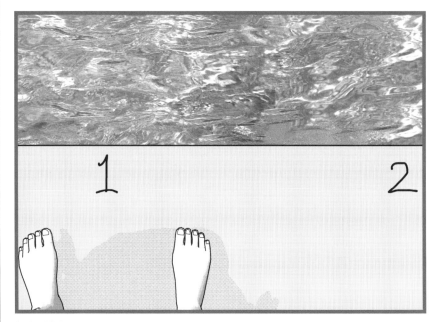

鉄板技術
79

プールサイドに番号を書く

プールサイドに番号を書きます。
これで子供たちの並ぶ場所が明確になり、教師の指示も通りやすくなります。

対象学年	全学年
準備物	油性ペン

STEP

1 子供たちが立つ位置を確認する。
2 並ぶ位置に番号を書く。
3 番号の位置に子供たちを並ばせる。

KEYPOINT

　「プールサイドに番号を書いてほしい」という先生は少なからずいらっしゃいます。並ぶ位置が分かりやすく、特別支援を要する子も分かりやすいというメリットがあります。低学年の子供たちにとっては、番号が書いてあるだけで自分の立つ場所や待つ場所が明確になり、安心して水泳学習に臨むことができます。毎回、教師が子供たちに立つ場所を細かく指示しなくても、番号を教えればすぐに立つ場所を理解することができるようになります。

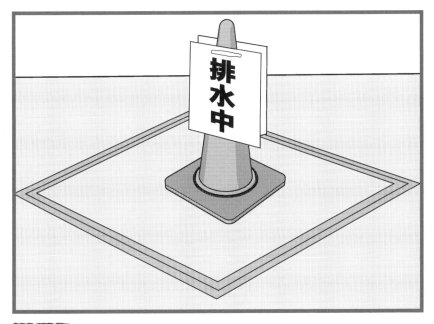

鉄板技術
80

排水中であることを可視化する

水泳指導における排水に関わるトラブルを減らす方法です。
可視化することで教師にも子供にも排水していることが一目瞭然となります。

対象学年	全学年

準備物	「排水中」の表示、コーン

STEP

1 「排水中」の表示を作る。
2 コーンに取り付ける。
3 排水中は、コーンを置くようにする。

KEYPOINT

　排水していることを忘れ、放課後プールの水がほとんど残っていないというトラブルがあります。その対策として、「排水中」という看板を作り、排水している時はそれを置くようにします。これだけで、排水しているか、していないかが一目瞭然となります。

　この方法であれば、教師にも子供たちにも、排水中であることが明確になるので、排水中に水泳指導を行うなどのトラブルもなくなります。

鉄板技術 81 運動会放送担当に実況例を渡す

運動会の放送担当に、徒競走で使用する実況例を渡しておきます。事前にどのようなことを言えばよいのか教え、練習することで、本番も上手に実況できます。

対象学年 全学年

準備物 運動会放送実況例

STEP
1 実況例を作る。
2 放送担当に実況例を渡す。
3 リハーサルの際に実況の練習をさせる。

KEYPOINT

【徒競走実況アナウンス例】

「さぁ、勢いよく一斉にスタートしました。しっかり腕を振って走っています。みんな速い、速いです!」

「さぁ、一斉にスタートしました! いきなり○組がリード! ○組も○組も最後までがんばってください」

「○組が優勢です。圧倒的な早さで引き離しています。このまま逃げ切ることができるのでしょうか? それとも○組が追い付くことができるのでしょうか?」

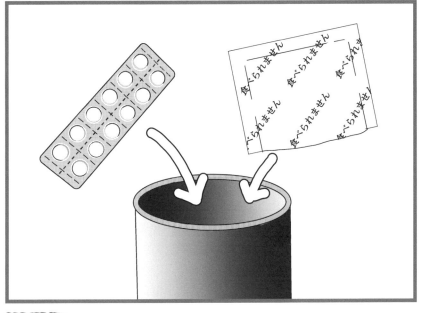

鉄板技術 82

雷管の弾のケースには
乾燥剤を入れる

運動会の雷管の弾は、1年に1、2回しか使いません。
そこで乾燥しないように乾燥剤を入れておきましょう。

対象学年	全学年
準備物	雷管の弾 乾燥剤

STEP

1 雷管の弾のケースに乾燥剤を入れる。
2 弾を入れる。
3 蓋をして保管する。

KEYPOINT

　運動会などで雷管を使います。1年に1、2回しか使わないので、雷管の弾の保管に気を付けたいものです。ポイントは、雷管の弾と一緒に乾燥剤を入れておくことです。乾燥剤を入れてケースに保管しておけば、弾を湿気から守ることができ、長持ちします。また、運動会の役割で誰が弾を購入するのか、誰が切って保管しておくのかなど、責任者を明確にしておくことをお勧めします。これが明確になっていないと、システムにならず、気の利いた先生がいなくなると、困ることになります。運動会の提案文書などに明文化しておくとずっと引き継がれていきます。

鉄板技術 83 旗作りはプロジェクターと実物投影機を使う

学級旗や大漁旗を学級で作成することがあります。

旗に下書きをする時にプロジェクターと実物投影機を使います。

対象学年	4年生以上
準備物	旗、書画カメラ プロジェクター

STEP

1 下書き用のデザインを映す。
2 黒板に無地の旗を掲示する。
3 映った下書きを油性ペンでなぞる。

KEYPOINT

　旗に下書きをさせる時にプロジェクターと実物投影機を使います。映し出したらあとはなぞるだけです。1時間もかからずに完成します。この方法は様々な場面で応用できます。3年生を担任した時に、全員が方眼紙をもってマスゲームのようなことをしました。その際も方眼紙を並べ、文字をパソコンで書き、それをプロジェクターで映し出してなぞって完成させました。色塗りは「鉄板技術84」をご覧ください。

鉄板技術 84

旗作りの色塗りは 机の横に掛けて行う

学級旗や大漁旗を学級で制作することがあります。
色塗りをする時には机の横に旗を掛けるようにします。

対象学年	4年生以上
準備物	旗

STEP

1 机のフックに下書きをした旗を掛ける。
2 色塗りをする。
3 乾くまでそのままの状態にしておく。

KEYPOINT

　旗作りは「鉄板技術83　旗作りはプロジェクターと実物投影機を使う」で行います。これを行えば、誰でも簡単に旗に下書きをすることができます。しかし色塗りで失敗することがあります。床に新聞紙を敷き、その上で色塗りを行い、乾くまで置いておくと旗の裏面に新聞紙がこびりつくことがあります。そこで、机のフックに旗を掛けて色塗りをします。こうすることで、複数の人数で同時に作業ができます。また、乾かす時もこのまま乾かすことができます。

学校行事のしおりは縮小する

簡単に日程が確認でき、しおりをリュックから取り出す必要が
ありません。遠足や移動教室にお勧めです。

対象学年	全学年

STEP

準備物	縮小したしおり ネックピース

1 しおりを縮小する。
2 ネックピースに縮小したしおりを入れておく。
3 必要な時に取り出して確認をする。

KEYPOINT

　宿泊学習などで役に立つのがしおりの縮小版です。作成方法は以下の通りです。

①	しおりを縮小する。
②	しおりをのりで本のように貼り付ける。
③	縮小版をネックピース（名札ケース）に入れて持ち歩く。
※	台紙に貼って首から下げてもOK

　簡単に日程が確認でき、しおりをリュックから取り出す必要がなくなります。

鉄板技術 86

壇上の花は斜めに置く

卒業式や入学式などで体育館の壇上に花を置くことがあります。
その際、植木鉢を斜めに置くだけで見え方が激変します。

対象学年	1・6学年
準備物	植木鉢と花

STEP

1 鉢に入った花を倒して斜めに置く。
2 正面から花だけが見えるようにする。

KEYPOINT

　卒業式や入学式では通常、鉢を立てたまま花を上向きにして置きます。これでもきれいですが、植木鉢が目立つのと、花が上を向いているので、子供たちや保護者からは見えにくいものです。そこで、この植木鉢を斜めに置くようにします。たったこれだけで、子供や保護者の席からきれいに花が見えるようになります。植木鉢を斜めにすることで、花が強調されるのです。鉢を斜めにするだけでできるお勧めの方法です。

95

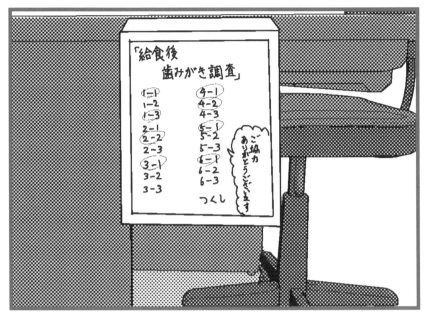

提出物用の封筒に
チェックシステムを入れる

校務分掌の主任になると提出物を集める機会が増えます。
事後の処理や提出状況を確認するためにも、提出用の封筒に
一工夫を加えます。

対象学年	全学年
準備物	封筒

STEP

1 クラス名を書いた封筒を準備する。
2 職員室の目立つところに取り付ける。
3 提出したら〇を付けてもらう。

KEYPOINT

　職員室の前に提出するための封筒がたくさんぶら下がっています。封筒にも
ちょっとした工夫があるだけで快適になります。出したか出していないかが明
確になるようにすると、担当者は処理が楽になります。また、可視化すること
で、まだ未提出の先生にも無言の督促が入ることになります。

　締め切りがある場合は締め切りを書くようにしましょう。こうすることで、
提出物を早く集めることもできます。

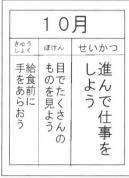

鉄板技術 88

生活目標は裏表印刷にする

学校で生活目標を印刷し、掲示します。
これを裏表印刷にするだけで紙と手間が省けます。

対象学年	全学年
準備物	生活目標などの掲示物

STEP

1 生活目標を2か月分両面印刷する。
2 各学級に配布する。
3 1か月経過したら裏返す。

KEYPOINT

　生活目標や保健・給食目標などを印刷し、配布している学校は多くあります。大概、生活目標を色画用紙に1か月分だけ印刷して配布しています。それを、裏表印刷にし、2か月分を印刷します。こうすることで、配布担当者の仕事が減ります。また、担任も裏返すだけで掲示が終わるので、作業量も減らすことができます。紙の節約にもつながり、環境にも優しい鉄板技術です。この鉄板技術は、他にも転用することができます。

鉄板技術 89

朱肉にビニールテープを貼る

朱肉の蓋が行方不明になることがあります。
そのため、朱肉の蓋にビニールテープを貼っておきます。

対象学年 全学年

準備物 ビニールテープ
朱肉

STEP

1 朱肉の蓋にビニールテープを貼る。
2 朱肉を所定の場所に保管する。

KEYPOINT

　職員室で朱肉を使うことがあります。その際、蓋が無くなっていて困ることがあります。特に通知票を作成する時期は、先生たちが朱肉を固定の場所から移動して使うことが多くなります。そこで、朱肉の蓋にビニールテープを貼っておきます。これで蓋だけどこかにいってしまうことがなくなります。

　蓋が無くなってしまうと、朱肉の部分が乾きやすくなり、使用できる期間が短くなってしまうので、長く使うためにもビニールテープを貼っておきましょう。ビニールテープは剥がすことも簡単にできます。

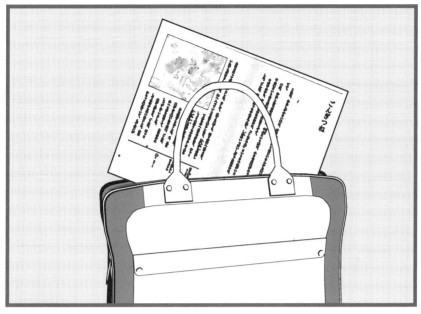

鉄板技術 *90* 教材研究を隙間時間にする

教科書を毎日持ち運ぶのは大変です。コピーして、カバンに入れておくだけで、隙間時間に教材研究ができます。

対象学年	全学年
準備物	コピー

STEP

1 教科書をコピーする。
2 いつも取り出せるようにし、教材研究をする。
3 コピーした教科書に必要なことを書き込む。

KEYPOINT

　教科書をコピーしておきます。隙間時間に教材研究をします。職員会議が始まる前、給食を早く食べ終わった時に、読んでいきます。そして、何かしら書き込むことが大事です。見ているだけでは、考えは広がりません。「ここは子供がつまずきそうだ」「ここが45分の中で一番大切なところだ」という箇所を丸で囲んだり、線を引いたりします。学校では、たくさんの隙間時間があります。その隙間時間に、教材研究ができるようにしましょう。

91 日課表+専科教室表はセットにする

運動場使用割当や体育館使用割当、音楽室使用割当を同じページに貼っておきます。

すると、日課変更する時も、すぐに対応することができます。

対象学年	全学年
準備物	コピー

STEP

1 時間割と各教室の割り当てを縮小コピーする。
2 週案に貼る。
3 必要な時に確認をする。

KEYPOINT

　4月に教務主任から、「運動場」「体育館」「音楽室」「家庭科室」などの使用クラス一覧表が提案されます。その表を縮小して、週案などに貼ります。その横に、日課表も貼ります。すると、急な日課変更の時も慌てることはありません。例えば、雨で運動場が使えない時があります。その場合、すぐに金曜日の日課を変更することができます（間違っても、その日の日課を急に変えてはいけません。特別支援を要する子供の中には、急な変更が苦手な子供がいるからです）。

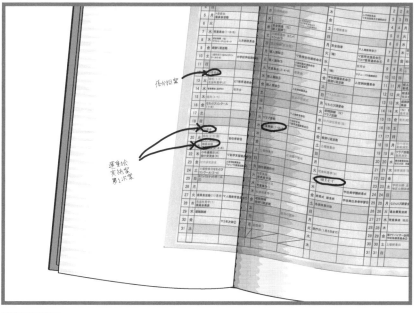

鉄板技術 92 年間行事予定に提案する日を書き込む

4月に1年分の職員会議の日に丸を付けるようにします。
そして、自分の分掌で提案する日を決めておきます。

対象学年 全学年

準備物 コピー

STEP

1 年間行事予定を見て、職員会議の日に〇を付ける。
2 担当の仕事の提案日を決める。
3 提案日に向けて準備をする。

KEYPOINT

4月に教務主任から、「年間行事予定」が提案されます。その際、職員会議に丸を付けていきます。自分の分掌は、いつの職員会議で提案するのかを行事予定のプリントの横に書いていきます。例えば「運動会ならば、4月の職員会議」。「体力テストならば、5月の職員会議」というように、メモをしていきます。つまり、1年間の見通しをもって、自分の仕事をしていくのです。このように見通しをもって仕事をしていけば、「あ！ そろそろ提案だ！」と慌てることもありません。

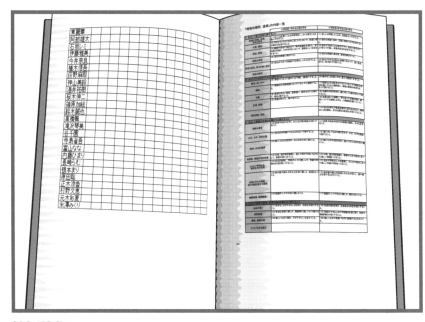

鉄板技術 93 道徳の評価「内容項目別一覧」を貼る

道徳の評価のために児童名簿一覧の横に、「内容項目別一覧」を貼ります。授業後にメモを残し、所見に活用します。

対象学年	全学年
準備物	コピー

STEP

1 名簿の横に道徳の内容項目別一覧を貼る。
2 授業後に3人程度メモをする。
3 メモしたことを通知表の所見に活かす。

KEYPOINT

　児童名簿の横に、道徳の「内容項目別一覧」を貼っておきます。そして、道徳の授業のあとに、さっとメモを書きます。クラス全員ではなく、3名ぐらいです。こうしておくと、誰がどんな発言をしたのか、通知表の所見に書くことができます。また、内容項目も貼っているので、どんな内容項目の時に発言したのかを確認することができます。

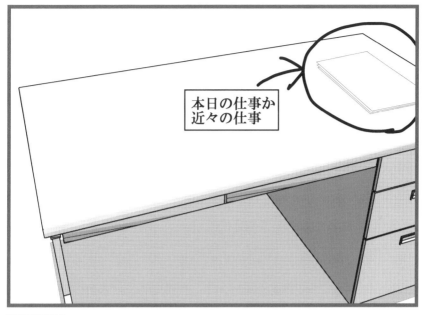

本日の仕事か
近々の仕事

鉄板技術 94 机上をきれいにして 探す時間をカットする

机の上をきれいにするだけで時短になります。

対象学年 全学年

準備物 特になし

STEP

1 机の上に載せるのは、その日にする仕事か、近日中に行う重要な仕事とする。
2 他の書類は、まとめて机の中に入れる。
3 机上をきれいにしてから帰る。

KEYPOINT

机上をきれいにしておくと、仕事の効率が上がるだけでなく、個人情報の紛失を防ぐことにもつながります。また、机上に提案文書やメモが置かれていれば、すぐに気付き、迅速に対応することもできます。机上整理を日々心掛けていきましょう。

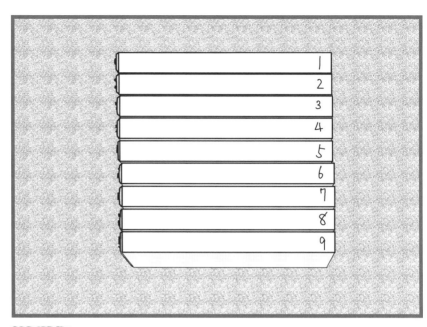

鉄板技術 95

ゴム印の横には数字を書いておく

ゴム印の横に名簿の順番を鉛筆で書き、ゴム印の箱には小さな名簿を貼っておきます。
これだけで1年間快適に仕事をすることができます。

対象学年 全学年

準備物 小さくした名簿

STEP

1 ゴム印の横に名簿の順に番号を書く。
2 ゴム印の箱に名簿を貼る。
3 名簿と番号を見ながらゴム印を並べる。

KEYPOINT

　ゴム印の横に名簿の順番を鉛筆で書き、ゴム印の箱には小さな名簿を貼っておきます。こうすると、中・高学年になるとお手伝い当番が揃えてくれるようになります。年度末になったら、消しゴムできれいに消して次年度へ引き継ぎます。色を塗ったり、油性ペンで書いたりする先生もいらっしゃいますが、卒業時に児童へ返すので、きれいなものを返してあげたいものです。新年度の前にやっておくと児童の名前も覚えることができて一石二鳥です

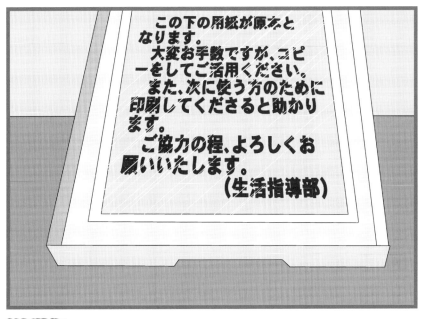

この下の用紙が原本と
なります。
　大変お手数ですが、コピ
ーをしてご活用ください。
　また、次に使う方のために
印刷してくださると助かり
ます。
　ご協力の程、よろしくお
願いいたします。
　　　　　　（生活指導部）

鉄板技術 *96* 職員共同で使う手紙の補充システム

職員室には、職員共有で使う手紙が入った引き出しがあります。
引き出しの中に手紙がなくなりそうな時に役立つ文書を入れて
おきます。

対象学年	全学年
準備物	お願いの文書 クリアファイル

STEP

1 お願いの文書を準備する。
2 クリアファイルに文書を入れる。
3 引き出しの一番下に準備したファイルを入れる。

KEYPOINT

　旅行届けや転出・転入関係の書類など、職員室に共同で使用する手紙が入っ
た引き出しがあります。その分掌の担当者が毎回チェックをすればよいのです
が、忙しくて毎回チェックができるわけではありません。そこで、この手紙を
大量に印刷した一番下にイラストのような文書を入れたファイルを入れておき
ます。こうすることで、無くなった際には気付いた教員がコピーをしてくれま
す。いざという時のためにこうしたシステムを作っておくと快適になります。

鉄板技術
97

裏紙の再利用には
分かりやすい表記をする

裏紙に分かりやすい表記をしておけば、裏紙を効果的に活用できます。年度末や夏休みなど余裕のある時期にまとめてやっておくと便利です。

対象学年　全学年

準備物　裏面再利用と
書いた用紙
裏紙

STEP

1 「裏面再利用」と書いた文書を作る。
2 裏紙の文字の書いている方に1を印刷する。

KEYPOINT

　学校で裏紙を利用する時があります。その際に1枚1枚、×印を書いたり、スタンプを押したりするのは大変な作業となります。そこで裏紙に「裏面再利用」と印刷します。こうすることで、裏紙と簡単に判別でき、しかも短時間で大量に処理することができます。文字を太く大きく目立つように「裏面再利用」などと書きます。Wordで作ってしまえば、データを残すことができ、学校全体で共有することができます。

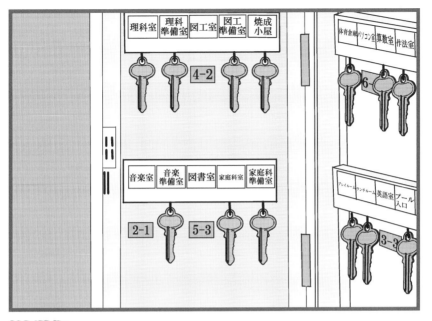

鉄板技術 *98* 鍵の管理を明確にする

職員室には鍵を管理するボックスがあります。
鍵を使用する教員はマグネットを貼っておくようにします。

対象学年	全学年
準備物	マグネット付き名札

STEP

1 クラス名の書いたマグネットを準備する。
2 鍵を使う時は、マグネットを貼る。
3 鍵を戻したら、マグネットを取る。

KEYPOINT

　前の時間に体育館や特別教室の鍵を使った教員が戻さずにそのまま持っていてしまい、次の時間に使う教員が困る、また、鍵のありかが分からなくなるというトラブルがあります。

　そこで鍵を使用する教員は、使用している鍵の場所にマグネットを貼っておくというシステムにします。こうすることで、誰が使っているのか、持っているのかが明確になります。職員も子供も鍵を探すことがなくなり快適になります。

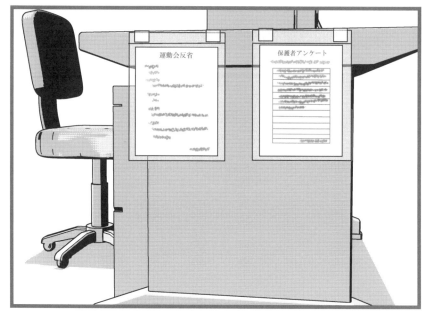

鉄板技術 99 書類集約は掲示用透明ファイルで行う

職員室の管理職の机の前に透明の掲示用フォルダをぶら下げておきます。職員のアンケート用紙や保護者からの申込用紙などを集約する時に便利です。

対象学年	全学年
準備物	透明の掲示用ファイル

STEP

1 透明の掲示用フォルダを管理職の机に掲示する。
2 回収物を入れる。
3 必要に応じて名簿を貼る。

KEYPOINT

　職員からの回収物や保護者からの申込用紙を回収する時には、透明な掲示用ファイルがお勧めです。やり方は、透明なファイルに回収したい手紙を1枚入れておきます。こうするだけで回収物が一目で分かるので、先生方は迷わずファイルに入れることができます。また、〆切になったら中身を抜き、また回収したい手紙を入れるだけで次の集約をすることができます。提出者を確認したければ、職員の名簿をファイルに貼っておくだけで完了です。

鉄板技術 *100* 記録用写真は複数保存する

運動会や卒業式など学校の行事の準備の際には記録用の写真を使います。そのため、記録用写真は2部用意しておきます。

対象学年	全学年
準備物	記録用写真 2部以上

STEP

1 記録用の写真を撮る。
2 2部印刷して、表紙を付ける。
3 行事の準備の際に活用する。

KEYPOINT

　記録用の写真が1つしかないと、誰かが持っていたり、いちいち記録用写真があるところまで行ったりしなくてはなりません。そこで、記録用写真は2部以上残しておくようにします。こうするだけで、教職員の動きが変わってきます。印刷した写真はファイルに入れてもいいですし、表紙を付けて綴じても構いません。複数用意する以外にも、写真の余白にメモを書いたり、ラミネートをしたりするなどの工夫ができます。たったこれだけのことですが、1年後の快適さが全く違ってきます。この方法は、入学式や卒業式、運動会や学習発表会など様々な学校行事で活用することができます。

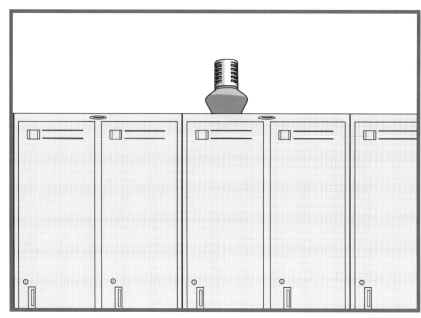

鉄板技術 101

更衣室に芳香剤を置く

更衣室を少しでも快適に使うために芳香剤を置いておきます。
リラックスできる香りだと先生方の疲れも少し軽減できるかも
しれません。

対象学年	全学年
準備物	芳香剤

STEP

1 芳香剤を準備する。
2 更衣室に置く。
3 無くなったら交換する。

KEYPOINT

　暑い日が続く季節になると更衣室も居心地が悪くなります。そんな季節にな
る前に芳香剤を置くようにします。これだけで更衣室の居心地が変わります。
　様々な先生がいらっしゃいますので、芳香剤の香りが強かったり、刺激にな
ったりするものは極力避けましょう。
　季節によって香りを変えてもいいですし、輪番で先生方に好みの香りを選ん
でもらっても構いません。リラックスできる環境を作りましょう。

【議題】

司会・記録：中学年

1 校長より・・・10分

2 副校長より・・・10分

3 教務・・・10分
　①7・8月の行事予定　②家庭学習年間指導計画の作成　③年間指導計画の変更→7/27〆切
　④あゆみ評価の観点→7/31〆切　⑤夏季休業中の補習　⑥夏季休業中の宿題

4 生活指導・・・10分
　①避難訓練　②児童理解全体会　③いじめ・長期欠席

5 特別活動・・・2分

6 体力向上・・・2分

7 校内研究・・・2分

8 校内委員会・・・・5分

鉄板技術 102 職員会議の議題には 時間を明記する

職員会議には必ず議題があります。
その議題の横に持ち時間を具体的に書いておきます。

対象学年　全学年

準備物　特になし

STEP

1 議題を確定する。
2 時間を担当者と決める。
3 会議前に配布する。

KEYPOINT

　職員会議の際に毎回議題を配布します。議題の横には、各分掌からの提案時間を具体的に明記するようにします。こうすることで、提案者にも職員全体にも持ち時間が明確になります。時間を可視化することで、職員の意識も高まります。また、見通しがもてるので司会も助かります。

　議題を作成する際には、担当者にどれくらいの時間が欲しいかを事前に聞いておくことがポイントです。会議が伸びずに円滑に行う秘訣でもあります。

氏名	記録
谷　踏絵	
荻野　一樹	
河田　雅人	
成美　京平	2/5, 5/6
麻耶　仁	
米澤　めぐみ	
堀　良美	4/1, 5/6, 5/28, 7/2
村野　博美	5/8, 7/2
広瀬　明	
木村　慶	5/18
三枝　恵子	4/15, 5/18, 5/28
山崎　日南	6/12, 6/21, 7/6, 7/21
植木　麗	
富山　由紀	5/6, 7/21
山口　聡	6/10, 7/4
東山　優	
菅野　陽子	4/18, 5/23, 5/6, 5/8, 5/21, 6/3, 6/23, 7/9, 7/11, 7/23
平野　未来	5/9, 5/23, 5/8, 5/20, 6/6, 6/10, 7/1
内田　健一	4/11, 5/2, 5/14, 5/20, 5/30, 6/3, 6/21, 7/22
妹尾　結衣	
斉藤　一成	

鉄板技術 103　補教の回数を明確にするシステム

補教の回数や当番を明確にする必要があります。補教の回数チェック表があると誰が入るべきか一目瞭然になります。

対象学年	全学年
準備物	補教回数チェック表

STEP

1　補教表を作成する。
2　補教担当が表に記録する。
3　職員全員が見えるところに保管する。

KEYPOINT

　補教に入ってもらうためにお願いしにいくと、良い顔をされない先生がいます。特に荒れたクラスには入りたがらない方が多い傾向にあります。そこで活用したいのが、補教の回数チェック表です。この表を見て、「少ない人から補教に入る」ということを明文化しておけば、ある程度平等になります。若手や優しい先生ばかりに押しつけられないようにする武器になります。職員で共通理解しておけば、補教の担当者を決めるのも円滑になります。

鉄板技術 104 児童の個人写真を集約する

毎年児童の顔写真をクラス毎に印刷し、1つのファイルにまとめるようにします。こうすることで、異学年でトラブルがあった時にすぐに調べることができます。

対象学年	全学年	

STEP

1 児童の個人写真を撮る。
2 フォルダに集約した写真を印刷する。
3 印刷したものを1冊のファイルにまとめる。

準備物	ファイル 児童の写真

KEYPOINT

　毎年児童の顔写真をクラス毎に印刷し、1つのファイルにまとめます。こうすることで、学校からいなくなったり、異学年でトラブルがあったりした時にすぐに調べることができます。また、校内支援委員会など、児童の配慮事項を共通理解する時に顔写真があるので理解しやすくなる、などの利点があります。

　作成の仕方は、写真を撮り、パソコンの児童のファイル名を氏名にして印刷するだけで、きれいに印刷することができます。

【説明資料】

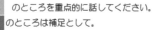

のところを重点的に話してください。
のところは補足として。

令和3年度の部活動について

令和3年6月4日
〇〇小学校長　友田　礼二

1．部活動の目的
　体育的、文化的な課外の活動を希望する児童によって行い、その部特有の知識、技能の向上、および健全なる心身の育成を図ることを目的とする。

2．令和3年度からの部活動
　サッカー部・ミニバスケット部・水泳バトミントン部は今年度で活動終了とし、来年度は2部（総合運動部と器楽部）での運営となります。来年度の2部運営に向けて、今年度は学校及び部活動検討委員会で検討を進めていきます。

3．活動について

運動部については、今年度1年かぎりの
活動になることを確認してください。

鉄板技術
105 色を使って文書の説明をする

　ペーパーレス化を意識して、データでの共有を行います。
データならインクなどの予算を考えず、カラー(色)が自由に使えます。

対象学年	全学年

準備物	特になし

STEP
1　文書に色を付ける。
2　データを保管する。
3　データを共有し、共通理解を図る。

KEYPOINT

　イラストは、保護者への文書の説明の仕方を示したものです。

黄色は強調点　　青色は補足説明

として、元文書に付け足す形で説明資料を作ります。
　「印刷」する場合は「線」や「書き込み」を使いますが、色を使うと、より見やすい文書になります。これは説明資料としてだけでなく「黄色のところは必ず読んでおいてください」「今日は、青色のところだけ検討します」のように様々な使い方ができ、会議・研修の時間短縮が可能になります。

4 関連情報

〇〇学校のHPにある「室内でできる運動」を中心に、各学級で実施します。

※ただし、学級の実態に応じてやる内容を変更してかまいません。

 画像をタップすると　ホームページに移動します。　➡　子どもチャンネル

・室内でできる運動を紹介します。
・運動取り組みカード（文部科学省）

画像をタップすると　ホームページに移動します。　➡　〇〇市　教育センター

・ダンス動画
・ストレッチ動画

画像をタップすると　ホームページに移動します。　➡　子どもの体力向上　ホームページ

・参考になる情報があります。

鉄板技術 106 提案文書にリンクを貼る

「引用」「参考」で資料名を記載することがあります。
その情報へリンクを貼り付けておきます。

対象学年 全学年

準備物 特になし

STEP

1 文書を作成する。
2 文書の中にリンクを貼り付ける。
3 データを保管し、共有する。

KEYPOINT

① 体育の時間に、この文書をタブレットで開く　② 見たい情報のリンクをタップする　③ 画面に出た情報(画像・動画)を大型画面で子供に見せる

　イラストは、体育関係の提案文書です。コロナ対応で、どのような取り組みが可能かを知らせる際に、具体例として紹介したい情報へリンクを貼り、教師は上のように使います。欲しい情報が1枚にまとめられていて、すぐに情報にアクセスできるというのは時間短縮となります。リンク先のアドレスを記載することもできますが、画像を貼って、その画像をタップするようにした方が、何の情報かが一目で分かるので便利です。ほんのちょっとの手間ですが、こうすることで全体の時短につながるのであれば、積極的に行っていきたいものです。

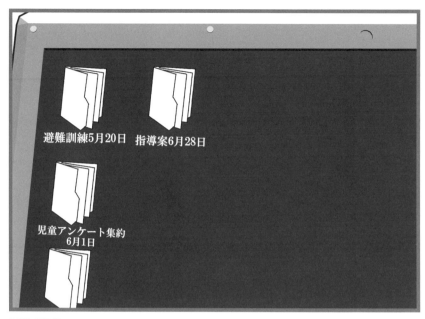

避難訓練5月20日　指導案6月28日

児童アンケート集約
6月1日

鉄板技術
107　フォルダに締め切り日を書く

常に締め切り日を意識しておきます。
仕事を忘れるのは、目に付く場所に書いていないためです。

対象学年　全学年

準備物　特になし

STEP

1 締め切り日のあるフォルダを作る。
2 フォルダに少し早めに設定した締め切り日を書く。
3 デスクトップに置く。

KEYPOINT

　校務分掌や学年の提案文書などを作成する際には、いつも目に付くところにデータを置くようにします。こうすることで、忘れずに仕事を行うことができるようになります。そして、フォルダの名前に〆切を入れておくと、期間までに仕事を終わらせようと意識することができます。

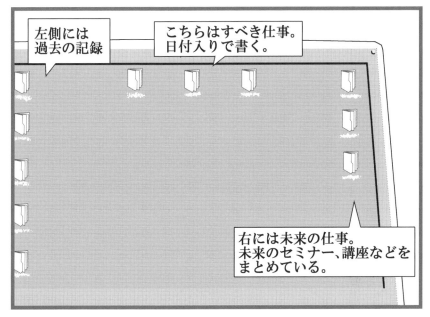

左側には過去の記録

こちらはすべき仕事。日付入りで書く。

右には未来の仕事。未来のセミナー、講座などをまとめている。

鉄板技術 108 締め切りが近いフォルダを目に付くところに置く

仕事を効率よくこなしたり、大量の仕事を進めたりする時に役立ちます。

対象学年 全学年

準備物 パソコン

STEP

1 日付を書いたフォルダを見やすい場所に置く。
2 デスクトップの左側には、過去のもの、記録しておくべきものを置く。
3 右側には、これからの仕事などを置く。

KEYPOINT

デスクトップ上のフォルダを整理する時に工夫をします。自分が作業を進めやすいように、フォルダを並べておきます。

こうすることで、仕事を効率的に進めることができます。自分がやりやすいフォルダの置き場所を見付けましょう。

運動会委員長の仕事　チェックリスト
～事前準備から反省まで～

【4月1週目】4月　第1回運動会委員会まで
□第1回の提案文の日付、児童の人数を今年度版に変更する。

【4月1週目】第1回運動会委員会
□運動会委員長の決定
□4月の提案までに、昨年度の反省をもとに第1回の提案文を直す。
　（□各色の職員を割り当てる（男性の先生が均等になるようにする））→色分けの方法による
□購入品の確認、購入声掛け（ペグ、CDの確認）
□次回、第2回運動会委員会の日程決定。

【4月2週目】第2回運動会委員会までに
□第2回の提案文の日付、児童の人数を今年度版に変更できているか確認。
□応援席の変更。（前年度、提案見て）
□係別の人数、担当の先生の割り当てを決める。
□運動会準備の日程を今年度版にする（5月行事予定を参考に変更する）

担当した仕事は
いつ何をしたかを明記する

林間学校や運動会委員長など次年度に残す仕事は、いつ何を
したか明記しておくと引継ぎが簡単になります。

対象学年	全学年

準備物	Word

STEP

1　担当した仕事の記録をとる。
2　記録したことを時系列にまとめる。
3　データを保管し、共有する。

KEYPOINT

　初めて担当する仕事で「いつ」「何を」するのかが分かると、仕事がスムー
ズにいきます。そこで、自分が担当した仕事について時系列でどんな仕事をし
たかWordに書いていきます。仕事が発生したらその都度書いていくのがお勧
めです。仕事が終わると、1つのマニュアルができます。
　これを次年度担当する先生のためにファイリングしておきます。先生方に感
謝される仕事術です。

3. 提出先　記載されている **QR コード**から入力ください。
　　　　　入力が難しい方は、裏面のアンケートに記入していただき、担任まで提出してください。
　　　　　＊回収用の袋は各学級に用意してあります。
　　　　　＊このアンケートはGoogleの無料のフォームを扱っています。

鉄板技術 110 アンケートの集約は Google formを使う

学校評価アンケートなど集約が必要なアンケートは、
QRコードを付けてGoogle formで集約すると簡単になります。

対象学年	全学年

準備物	Google form QRコード

STEP

1 Google formでアンケートを作成する。
2 QRコードを作成し、文書に貼り付ける。
3 文書を子供たちに配布する。

KEYPOINT

　保護者向けのアンケート類を紙ベースにすると、集約に時間がかかります。しかし、QRコードを付けてそれをGoogle formで集めれば集約の時間がかからず、短い時間で集計できます。さらにグラフでもアンケートの結果が出るので、それをコピーすれば報告も簡単です。

　また、QRコードでの入力が難しい家庭には別途、記入用紙で配布するなどの工夫で学校での提案を通しやすくなります。

📁 01 【4月1日までに】第1回職員会議（4月2日）
📁 02 【4月6日まで】第2回職員会議（4月7日）
📁 03 【4月16日まで】第3回職員会議（4月20日）
📁 04 【5月21日まで】第4回職員会議（5月25日）
📁 05 【6月18日まで】第5回職員会議（6月22日）
📁 06 【7月9日まで】第6回職員会議（7月13日）
📁 07 【9月10日まで】第7回職員会議（9月14日）
📁 08 【10月22日まで】第8回職員会議（10月25日）
📁 09 【11月19日まで】第9回職員会議（11月22日）
📁 10 【12月17日まで】第10回職員会議（12月20日）
📁 11 【1月14日まで】第11回職員会議（1月18日）
📁 12 【2月18日まで】第12回職員会議（2月22日】
📁 13 【3月4日まで】第13回職員会議（3月8日）
📁 14 【3月11日まで】第14回職員会議（3月15日）
📁 15 【3月19日まで】第15回職員会議（3月23日）

鉄板技術 111 職員会議のフォルダに日付を入れる

職員会議のデータを入れるフォルダに資料の締め切りを入れておきます。

対象学年 全学年

準備物 特になし

STEP

1 職員会議の資料データを入れるフォルダを作る。
2 期日までに資料を入れるように伝える。
3 次年度はこのフォルダを活用し、更新する。

KEYPOINT

　職員会議の資料を入れるフォルダに、いつまでに資料を入れるのかを示すようにします。こうすることで、提案する先生たちも司会の学年もいつまでに資料を入れればいいかを把握することができます。このように掲載することで、いちいち議事録に締め切りを書く手間も省けます。4月までに1年分作っておきます。1年間の仕事をスマート化しておくことで、後の仕事がスムーズになります。

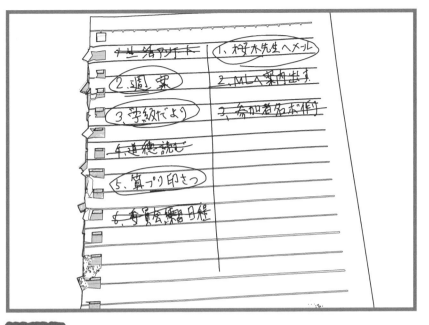

112 「To Doリスト」に一工夫加える

To Do（やるべきこと）リストをさらに効果的に活用するために工夫をします。

対象学年	全学年
準備物	メモ用紙

STEP

1 To Doリストを作成する。
2 カテゴリーに分ける。
3 優先順位を付ける。
4 優先順位の高い順に仕事を進める。

KEYPOINT

To Doリストに3つの工夫をします。

① 「帰宅前」に書きます。明日のやるべき仕事を書いておきます。すると、朝学校に来た時に、すぐに何をするのかを意識することができます。

② カテゴリーに分けて書きます。学校の仕事、プライベートのこと、です。時には、学年のこと、クラスのこと、分掌のこと、プライベートのこと、4つに分けることがあります。

③ ランキングを付けます。ずらっと並んだリストの中で、どれを最初にしなければいけないのか、ランキングを付けます。イラストのように赤でグルッと書いていきます。

鉄板技術 113
1冊のA4ファイルに 提案文書をまとめる

校内の提案文書は様々あります。
テーマごとにファイリングすると、ファイルが何冊あっても足りません。

対象学年 全学年

準備物 クリアファイル

STEP
1 A4ファイルを準備する。
2 提案文書をファイルに入れる。
3 終了した文書を廃棄する。

KEYPOINT

　教育計画などがあっても、職員会議ではたくさんの資料が配布されます。また、職員室の机やボックスに様々な提案文書が置かれることもあります。

　これらを1冊のポケット型のクリアファイルに収納しておきます。

　こうしておくと、一気に関係資料に目を通すことができ、終了した行事などの資料から処分することができます。また、行事等の期日が近くになったら、取り出して確認するようにします。これだけで資料を探す時間が短縮できます。

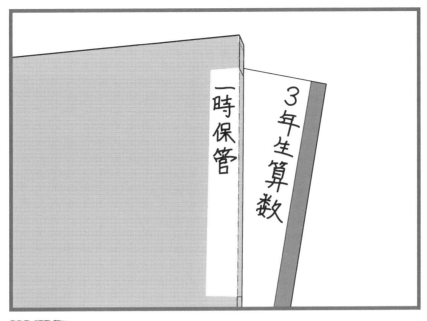

鉄板技術 114 タイトルは背表紙側にも書く

ノートやファイルのタイトルは、表紙だけでなく裏表紙の右上にも書いておきます。

ブックスタンドから取る時に、一目で分かるようになります。

対象学年	全学年
準備物	特になし

STEP

1 タイトルを表紙に書く。
2 裏表紙にも書く。
3 背表紙にも書く。

KEYPOINT

いくつかのノートやファイルがブックスタンドに並んでいる状態で、表紙にしかタイトルが書いていないと、取り出しても、違うノートやファイルであるということがあります。裏表紙の右上にもタイトルを書いておくと、取り出す時に一目で分かります。

クリアファイルなども右上にタイトルを付けておくと、何が挟んであるファイルなのかが、一目で分かるようになり、作業効率が上がります。

鉄板技術
115 バス酔い対策にはミントの香り

バスに酔いやすい子はクラスに必ずいます。
匂いに対応することでバス酔いをする子が激減します。

対象学年	全学年
準備物	ミントオイル

STEP

1 ミントオイルを準備する。
2 バス酔いしやすい子供の手首にミントオイル
  を付ける。
3 乗車前にバスの中に散布する。

KEYPOINT

　遠足や社会科見学、移動教室などで貸切バスを利用することがあります。教師は、事前にバスに酔いやすい子の席を前にするなど、バス酔い対策をします。しかし、席を工夫したり、子供たちに酔い止めを飲ませたりしても、十分な効果が得られないこともあります。そこでお勧めなのが、ミントオイルです。これを子供たちがバスに乗る前に車内に撒いておきます。子供たちは、ミントの香りで酔うことはありません。撒く前には運転手さんに伝えておくことをお勧めします。

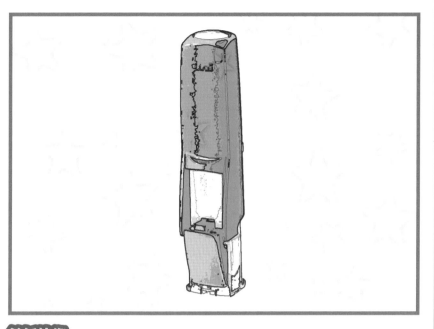

鉄板技術
116
簡単にしっかりと押印する

あゆみや指導要録に押印する際に、毎回インクを付け直すのは大変です。半蔵くんを利用すれば、一発で解決します。

対象学年 全学年

準備物 半蔵くん

STEP

1 半蔵くんに印鑑をセットする。
2 ハンコを多く押す時期である4月や学期末前に準備する。
3 必要であれば、複数準備しておく。

KEYPOINT

押印が苦手であったり、大量に押印をしなければならなかったりする時に半蔵くんを活用します。朱肉を毎回付ける必要もなく、簡単に真っすぐ押印することもできるようになります。

一度購入してしまえば、ずっと使えるので、4月や学期末前に準備をしておきましょう。

鉄板技術 117

ミニホワイトボードを使って意見を交流する

グループで話し合いをする時にミニホワイトボードがあると便利です。

教室にミニホワイトボードをたくさん用意しておきましょう。

対象学年	全学年
準備物	ミニホワイトボード マーカー

STEP

1 ミニホワイトボードを大量に作成する。
2 話し合いをする際に活用させる。
3 書いたことを黒板に掲示し、意見を交流する。

KEYPOINT

ミニホワイドボートの作り方です。

① A4、B4サイズの紙をラミネートします。

② ラミネートした裏面にマグネットを貼ります。

※紙に方眼のような升目を薄く書いておくと、子供たちが書きやすくなります。

グループで話し合う際のツールとして活用したり、話し合った結果や考えを黒板に貼って学級全体で交流したりするツールとしても活用できます。様々な場面で活用できる便利グッズです。

鉄板技術
118

嘔吐対応に備える

体調不良や吐き気がする子に配布する嘔吐処理グッズです。
学校にあるもので作ることができ、しかも作り方はとても簡単
です。

対象学年	全学年

準備物	ビニール袋 切った段ボール

STEP

1 嘔吐対応グッズを学級に常備する。
2 保管場所を子供たちに伝える。
3 嘔吐がありそうな時は、子供の近くに置いて
　おく。

KEYPOINT

作り方はとても簡単です。

① 　A4の紙が入っていたダンボールを輪切りにします。

② 　輪切りにしたダンボールにビニール袋を通して完成です。

簡単に作ることができ、コンパクトに畳むことができます。袋は、透明では
なく、色が付いたものをお勧めします。冬は教室に置いておくだけで、安心で
す。

127

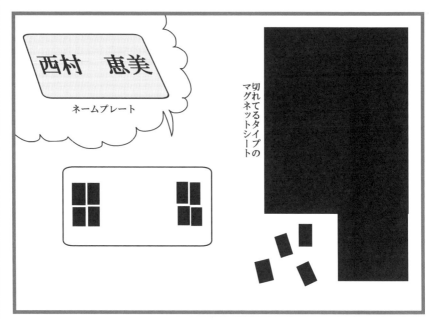

ネームプレート

切れてるタイプの
マグネットシート

鉄板技術 119

粘着付きマグネットシートで仕事を効率化する

年度の始めに名札の裏側にマグネット磁石を貼ります。
マグネットは最初から切れていて、裏面にシールが付いている
ものを活用しましょう。

対象学年	全学年
準備物	マグネットシート

STEP

1 粘着付きマグネットシートを準備する。
2 名札や掲示物にマグネットを貼る。
3 マグネットの上からセロハンテープを貼る。

KEYPOINT

　名札や掲示物を準備する際にマグネットを貼ることがあります。用途に合わせて1つ1つマグネットを切って、両面テープで貼る作業はとても大変ですし、時間がかかります。

　そこで最初から切れているマグネットシートを使うようにします。マグネットシートは、チップ型のものと正方形タイプのものがあります。名札に合わせて選択するようにしましょう。また、マグネットを貼った後に、上からセロハンテープを貼っておけば、1年以上活用することができます。

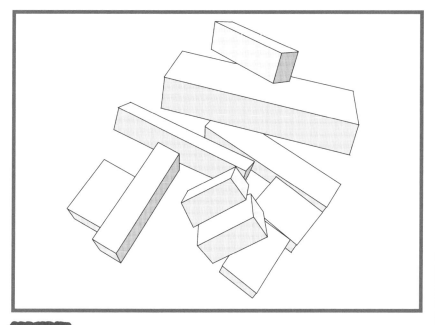

鉄板技術

120 貸し出し用消しゴムを常備しておく

消しゴムの忘れ物、無くし物が多い子はどの学級にもいるもの
です。そこで学級で貸し出し用に重宝するのが「切れ端消しゴ
ム」です。

対象学年	全学年
準備物	切れ端消しゴム

STEP

1 切れ端消しゴムを準備する。
2 貸し出し用の消しゴムとして教室に置く。
3 無くなったら補充する。

KEYPOINT

　特別支援を要する子が多いクラスでは、忘れ物、無くし物が非常に多くなり
ます。また、貸し出し用グッズの消費量が多くなる傾向にあります。特に消し
ゴムの忘れ物、無くし物が多くなりがちです。鉛筆は5本入れさせているため
か、無くしても予備があります。しかし、消しゴムは1つ無くすとほとんどの
子が予備を持っていないものです。そこで学級で貸し出し用に利用しているの
が「切れ端消しゴム」です。安くて大量に入っているので安心です。

鉄板技術 121 外に行く可能性が高くなる道具

「外に行ってもいいかな」と思う遊び道具について紹介します。
「クラスボールは硬いから怖い」といった理由で外に行かない
子にも有効です。

対象学年	全学年
準備物	ドッジビー ぷにボール

STEP

1 ドッジビーやぷにボールを準備する。
2 教師が遊び方を教える。
3 実際に使って子供たちと遊んでみる。

KEYPOINT

　「クラスボールが硬い」という理由で怖がる子が毎年います。高学年になっ
てもいます。できれば低学年のうちに外遊びが好きになってほしいものです。
そんな時にお勧めの道具が2つあります。
①　ドッジビー　　②　ぷにボール
　ぷにボールやドッジビーはすごく遠くまで飛ばすことができます。そして何
より触った時に、児童の中で「ボール類は硬い」というイメージを払拭するこ
とができます。

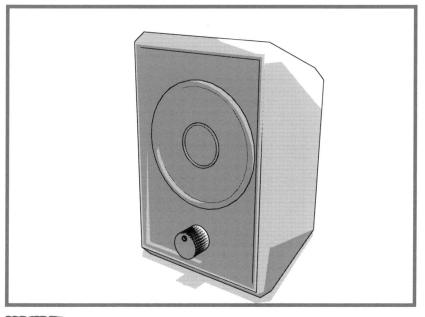

鉄板技術
122 活動に音楽を入れる

ワイヤレススピーカーを1台持っておくことで、パソコンから音楽を流したり、体育で音楽を流したりして使うことができます。

対象学年	全学年

準備物	ワイヤレススピーカー

STEP

1 ワイヤレススピーカーを準備する。
2 ゲームやレクリエーションで使う。
3 体育や集会など様々な場面で活用する。

KEYPOINT

　持ち運びが便利で、場所もとらないのがワイヤレススピーカーです。1台持っておくことで様々な場面で活躍します。例えば、教室でパソコンと同期させて、動画を見せたり、レクリエーションで音楽を流したりすることができます。また、スマートフォンとBluetoothで同期させることで、体育で活動する際に音楽を流すことができ、とても便利です。

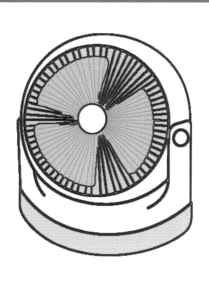

鉄板技術 123 教室の空気を循環させる

エアコンがあるクラスでも、クラス内で寒い場所と暑い場所が
あります。そのような時にはサーキュレーターを活用します。

対象学年	全学年
準備物	サーキュレーター

STEP

1 サーキュレーターを準備する。
2 教室の隅に置いておく。
3 エアコンと一緒に使用する。

KEYPOINT

　エアコンを付けていても、教室内で暑い場所と直接エアコンが当たって寒い
場所に分かれる場合があります。扇風機があればいいのですが、完備していな
い場合もあります。そこで教室に置いているのが理科の実験で使用するサーキ
ュレーターです。これでエアコンの風を循環させます。

　こうすることで、教室内の温度もある程度、一定になります。熱中症対策に
もなり、子供たちは快適に過ごすことができるようになります。

鉄板技術 124 子供との関わりをもつツール

先生に構ってほしくて「○○が痛い」などと言ってくる子がいます。そんな時は優しくオロナインを塗ってあげましょう。

対象学年 全学年

準備物 オロナイン

STEP

1 オロナインを準備する。
2 大きなけがではないと判断した時オロナインを塗る。
3 オロナインを塗りながら話を聞いたり、頑張っているところを褒めたりする。

KEYPOINT

　児童から肘が痛い、背中が痛いと全然痛そうではないのに訴えがある時があります。そのような時は、オロナインを塗ってあげます。子供はただ構ってほしい、愛情が欲しいだけの時もあります。母子家庭の子には、話しかけながら塗ってあげます。父親や母親の代わりもしてあげることが必要な場面もあります。

　大概、塗り終わると子供は何事もなかったかのように席に戻って行きます。オロナインは、毒もなく副作用もなく安全です。こういった子供との関わりをもつためのツールは欠かせません。

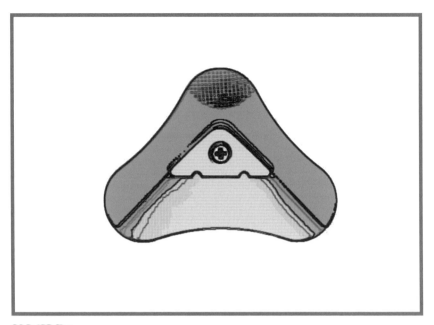

鉄板技術

125

ラミネートの角を切って
けがを防止する

名札などをラミネートした後は、ラミネートの角を切ります。
その時にかどまるくんがあると便利です。

対象学年	全学年
準備物	かどまるくん

STEP

1 かどまるくんを準備する。
2 ラミネートした掲示物などの角を切る。
3 角を切ったら使用する。

KEYPOINT

　学級全員分のラミネートの角をハサミで切るのは時間がかかります。そんな時に役立つのが、かどまるくんです。爪切りのようにラミネートした角を切っていきます。驚くくらいきれいに角が取れます。これで面倒な作業も一気に終えることができます。

　ラミネートの角を切っておくと子供たちのけがを防ぐことができます。子供たちの安全管理をするのも教師の大切な仕事です。職員室で知らない先生に紹介すると喜ばれます。

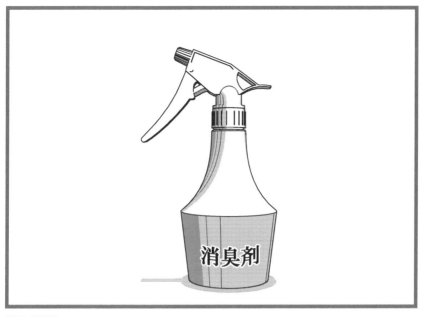

鉄板技術 126 学級の匂いをコントロールする

汗をたくさんかく時期や梅雨の時期は、教室に匂いが残ります。
特別支援を要する子は匂いに敏感です。
そんな時に活用したいのがファブリーズです。

対象学年	全学年
準備物	ファブリーズ

STEP

1 ファブリーズを準備する。
2 希望者の体育着や紅白帽子に吹きかける。
3 目や口などに入らないようにする。

KEYPOINT

夏の暑い時期になると高学年男子は汗臭くなります。また、給食でカレーや牛乳などをこぼすと教室に匂いが残ります。そこで役立つのが、ファブリーズです。一瞬で匂いを消すことができます。

汗の匂いが気になる子や家庭的に恵まれない子にかけることもあります。その子供たちに楽しそうにファブリーズをかけていると「僕にも！」「私にも！」などと子供たちが寄ってきます。最終的には、ほぼ全員にかけることになるのです。これで子供たちのプライドも守ることができます。

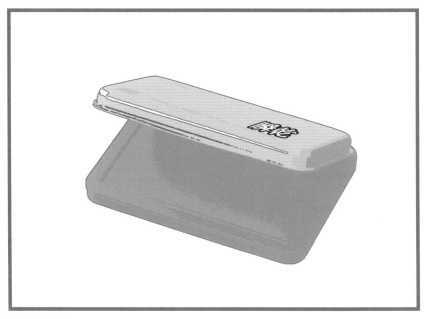

鉄板技術 127

スタンプ押しを速く効率化する

子供たちの作品や提出物にスタンプを押す時に瞬乾スタンプ台を使います。
一瞬で乾くので次から次へと押すことができます。

対象学年	全学年
準備物	瞬乾スタンプ台

STEP

1 瞬乾スタンプ台を準備する。
2 瞬乾スタンプ台を使って作品やノートにスタンプを押す。
3 スタンプを押した作品などをどんどん重ねていく。

KEYPOINT

　子供たちの作品にスタンプを押すことがあります。その際に使っているのが、「瞬乾」というスタンプ台です。一瞬で乾くので大変便利です。ノートやワークシートを押してすぐに重ねても、汚れることがほとんどありません。

　また、通知表の印鑑を押す際にも使えます。押してすぐに乾くので次々に通知表を重ねることができます。赤と黒の瞬乾スタンプ台を持っていれば、事務作業を速く終えることができるようになります。

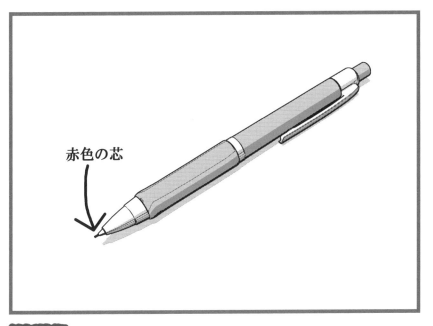

赤色の芯

鉄板技術 128

丸付けを速くする

赤鉛筆を使うと鉛筆が短くなったり、削ったりするのが面倒になります。シャープペンシルを使えば短くなることもなく、削る必要もなくなります。

対象学年 全学年

準備物 シャープ
ペンシル

STEP

1 シャープペンシルを準備する。
2 丸付けを行う。
3 必要であれば2、3本準備しておく。

KEYPOINT

　赤鉛筆で指導を行う際に活用しているのが、シャープペンシル。便利なところは、赤鉛筆とは異なり、削らなくていいし、長さも一定なところです。コメントは少し書きにくいですが、丸付けはかなり速くなります。2、3本準備しておけば、教室でも職員室でもどこでも一気に丸付けをすることができます。
　替え芯をたくさん常備しておけば、仕事の効率が格段と上がります。

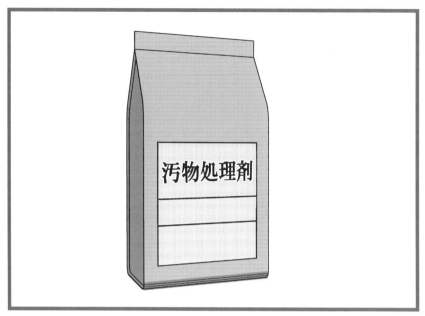

汚物処理剤

鉄板技術 129

嘔吐処理を快適にする

嘔吐処理をする際に持っておきたい便利グッズです。
これをかけるだけで嘔吐処理が格段に行いやすくなります。

対象学年	全学年
準備物	リバースクリーン

STEP

1 リバースクリーンを準備する。
2 嘔吐物にかける。
3 嘔吐物を処理する。

KEYPOINT

　子供たちが嘔吐した時の対応は、落ち着いて安全に清潔に行いたいものです。
そんな時にあると便利なのが、この「リバースクリーン」です。これをかける
だけで嘔吐処理が格段に楽になります。

　嘔吐物にリバースクリーンをかけるだけで、嘔吐物は固まり、匂いも石鹸の
ようないい香りになります。また、嘔吐物からのウイルス感染対策にもなりま
す。低学年の教室には常備しておきたい便利グッズです。遠足や社会科見学の
バスでも活躍します。

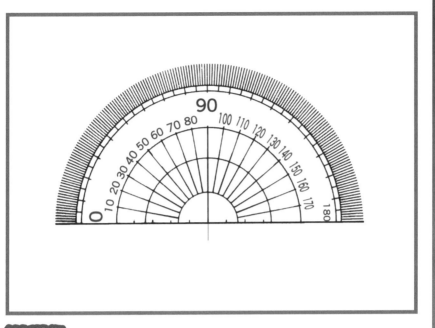

鉄板技術
130 分度器で特別支援対応をする

手先の不器用な子は分度器の操作で苦労します。
そこで活用したいのが、余白の無い分度器です。

対象学年	4年生以上

STEP

1 余白の無い分度器を準備する。
2 算数の時間に必要な子供に貸し出す。
3 使いやすい分度器を子供に選択させる。

準備物	余白のない分度器

KEYPOINT

　3年生からリコーダーやコンパス、分度器など微細な運動が求められる機会が増えます。そのため中学年で挫折感を味わう子も多くいます。そこで分度器では、余白の無い分度器を使うようにします。これなら簡単に中心と点を合わせることができます。イラストのように余白がある分度器を使うと、中心に合わせるだけで苦労したり、合わせる位置を間違えたりすることがあります。こういった配慮をすることで特別支援を要する子供たちを救うことができます。

あとがき

　この本を読んでくださった先生は、「子供・保護者・職場から信頼される」ためにどのようなことをしたらよいか、イメージをお持ちでしょうか。

　教師にとって信頼されることに越したことはないけれど、教師の仕事で一番大事なことではない……。そのように捉えているかもしれません。

　しかし、「信頼される」とは、相手を快適にするだけでなく、自分自身にとっても「圧倒的なメリット」のある、仕事において最も大切なものであるといえます。

　僕はこれまで様々な子供たち、保護者、教職員の方々と接し、様々な姿を見てきました。そんな、様々な方々と接してきた経験から「信頼されるということが、教師の仕事の土台になる」、「信頼こそが、全ての成果を生み出す源になる」と痛感しています。

　教師となり、子供たちや保護者、職場の方々からも信頼され、尊敬されている先生を何人も見てきて気付かされることがありました。

　それは、そうした信頼されている先生方は、もれなく信頼されるための仕事の仕方や指導技術を持ち合わせていたということです。そのため、どなたも一緒に仕事をしているとなぜだかわからないけれど、すごく仕事がしやすく、円滑に仕事が運びました。また、教わった方法で子供たちに指導をすると、効果抜群で、子供たちからも喜ばれ、保護者からも感謝されました。

　だから、「また一緒に仕事をしたい」、「もっと学びたい」と心から思いましたし、このような先生を信頼していました。そんなプロの技術を発揮していたからこそ、子供たちや保護者からは信頼され、職場でも慕われていたのだと思います。信頼される教師の信頼されるゆえんは、ここにあったのです。

　僕自身は、この「信頼されること」やそのための技術に気付くのが遅かったと感じています。もっと早く信頼されることの重要性や信頼されるための技術を知っていれば、もっと早く子供たちに指導できていたら、などと後悔することもあります。

この本を手にとってくださった先生には、僕のような後悔をしてほしくありません。自分も周囲も、快適かつ楽しく仕事ができる状況を作り、効率よく仕事を進め、どのような環境でも、早々に信頼を得て、より豊かな教師人生を歩んでいただきたいと切に願っています。

　教師の仕事がうまくいく秘訣は、人と人との関係を良いものにすることであり、これこそが、子供や保護者、職場から信頼される方法です。そして、それを支える重要なものが「信頼されるための技術」です。

　おそらくこの本を読んでくださっている先生は、信頼される要素を多分にお持ちの方だと思います。その要素をうまく活かすためにも、ぜひ、本書で取り上げた内容を実践してみてください。

　昨今、情報技術は急激な進展を遂げ、我々の日常生活に深く浸透しています。その結果、多種多様な情報が簡単に得られるようになりました。

　情報を得ることはとても大切です。しかし、情報過多になったり、実践したりしていないのであれば、全く意味がありません。得た情報を実際に実践をして、子供たちや保護者、職場に合うように調整や工夫をしていくことが最も大切です。その工夫や調整が、必ず先生の力となり、信頼される大きな要因となります。

　本書で紹介した方法や内容の中で、まずは、できそうなこと、やってみたいことから実践してみてください。

　先生が子供や保護者、職場の先生から信頼される先生になることを心から願っています。

　　　　　　　　　　　　　　　　　　久野　歩

○編著者紹介

久野 歩（くの あゆむ）
東京都小学校教諭

○イラストレーター紹介

井手本 美紀（いでもと みき）
東京都小学校教諭

○本文執筆者一覧

久野 歩	東京都小学校教諭
松田春喜	熊本県小学校教諭
山本東矢	大阪府小学校教諭
村上 諒	神奈川県小学校教諭
宮森裕太	神奈川県小学校教諭
林 健広	山口県小学校教諭
中川聡一郎	愛知県小学校教諭

子供・保護者・職場から信頼される
プロ教師の鉄板技術130
ー効果抜群だった体験アイデア大集合ー

GAKUGEI
MIRAISHA

2021年4月15日　初版発行

編 著 者　久野 歩
イラスト　井手本美紀
発 行 者　小島直人
発 行 所　株式会社 学芸みらい社
　　　　　〒162-0833 東京都新宿区箪笥町31 箪笥町SK ビル
　　　　　電話番号 03-5227-1266
　　　　　http://www.gakugeimirai.jp/
　　　　　e-mail : info@gakugeimirai.jp
印刷所・製本所　藤原印刷株式会社
企　　画　樋口雅子
校　　正　菅 洋子
装丁デザイン・本文組版　星島正明